나비길
따라
나불나불

엄마 아빠와 함께 떠나는 자연 생태 여행이야기

나비길 따라 나풀나풀

2007년 7월 15일 초판 1쇄 인쇄
2007년 7월 20일 초판 1쇄 발행

사진 신응섭 | **글** 이향안 | **그림** 조위라
펴낸이 오세경 | **편집인** 이순영 | **편집 책임** 김민지 | **제작 책임** 이유근, **제작 진행** 서동관
표지 및 본문 디자인 SALT&PEPPER Communications
펴낸곳 (주)계림닷컴 | 등록 제1-2684호(2000. 5. 22)
주소 서울시 종로구 평동 13-68 | 전화 (02)739-0121(대표) | 팩스 (02)722-7035
이메일 edit@kyelimbook.com | 홈페이지 www.kyelimbook.com
ⓒ신응섭, 이향안, 계림닷컴 2007

이 책에 실린 글과 그림의 무단전재나 복제를 금합니다.
사진 협찬: 안동 하회 탈 박물관
좋은 책을 만드는 데 협조해 주신 분들께 감사 드립니다.

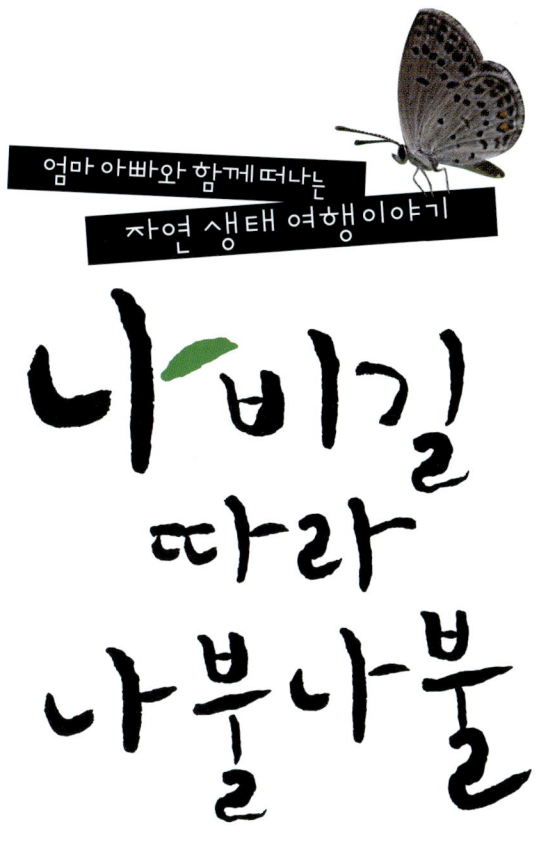

엄마 아빠와 함께 떠나는
자연 생태 여행 이야기

나비길 따라 나불나불

사진 신응섭 글 이향안 그림 조위라

계림

프롤로그

여행을 떠나며

봄날, 속살거리는 햇살 아래로
팔랑팔랑 나비 한 마리 날아갑니다.
"나비야, 나비야, 어디로 가니?"
창틀 사이로 내민 내 얼굴이 정겨웠을까?
나비는 살포시 내려앉아요.
"제비꽃을 찾아 가는 중이지."
"제비꽃은 무엇 하려고?"
"봄을 만나고 싶거든. 제비꽃은 봄을 알리는 꽃이잖아. 하지만 이 도시에선 제비꽃을 찾을 수가 없네. 아무래도 먼 여행을 떠나야 할 것 같아, 제비꽃을 찾아서."
나비는 아름다운 날개를 다시 펼치며 하늘로 사뿐 날아오릅니다.
봄은 햇살로 먼저 옵니다.
봄은 바람으로 먼저 옵니다.
하지만 시멘트 도시엔 봄도 여름도 가을도 겨울조차도 같은 색.
햇살 받고 자라고 바람 즐기며 커 가는 자연이 없어요.
"나비야, 나도 함께 갈게."
냉큼 여행 준비를 합니다.
배낭 하나 둘러메고, 운동화 끈 질끈 매고 떠나는 여행.

나비가 가는 길을 따라 떠나는 여행입니다.
자연을 찾아 떠나는 여행입니다.
함께 갈래요?
아, 참! 잊을 뻔했네요.
여행을 가기 전, 소지품은 꼭 확인해 봐야 해요.
반드시 가져가야 할 것들이 있으니까요.
가방 안을 다시 한번 점검해 볼게요.
비상약은 반드시 챙겨야 해요.
노트와 필기 도구도 반드시 준비하고요.
카메라도 물론 챙겨야죠.
만약을 위해 비옷이나 우산을 준비하고요.
친절하게 설명된 지도도 한 장.
작은 손전등도 준비하면 더욱 좋아요.
썬크림과 모자를 준비하는 것도 유용해요.
모든 것이 제대로 준비된 것 같아요.
하지만 마지막으로 다시 한번 확인해야할 것이 남았어요.
가장 중요한 준비물!
자신감과 용기도 잘 챙겨야죠.
준비 끝!
드디어 출발입니다.

여행을 떠나며 꼭 챙겨야 할 나만의 지도!

차례

프롤로그 여행을 떠나며   8

자연아 자연아

01 도심 속 풀숲 이야기
길동 생태 공원

숲 속에서 생긴 일	16
재미있는 숲 속	20
땅강아지의 숨바꼭질	22
곤충들의 자연 방정식	24
버섯과 덤불의 한 판 씨름	26
개구리의 세상 구경	28
봄 꽃 이야기	30
여름 꽃들의 시합	32
제비꽃 할머니	34
풀숲에 사는 재미있는 친구들	37

02 도심 속 냇물 이야기
여의도 샛강 공원

오리야, 안녕!	38
토끼풀 놀이	42
토끼풀 꽃으로 팔찌 만들기	43
큰 성 속에 숨어 버린 물고기들	44
곤충들의 점심 식사	46
샛강에서 만난 꽃들	48
멋쩍은 개망초	50
키 크고 날씬한 꽃들	52
곤충들의 우산	54
똑똑한 버섯 친구들	55

03 봄을 기다리는 나무 이야기
광릉 수목원

우연한 만남	56
겨울눈의 봄 이야기	59
내가 만든 사전	61
부지런한 나무들	62
열매는 어디에서 왔을까?	64
생각하는 나무	66
나무들의 멋진 변신	67
나무로 장수풍뎅이 만들기	68
나무야 나무야	70
놀라운 만남	71

04 습지 생태 이야기
안산 갈대 습지 공원

하얀 친구	72
갈대에 대한 특별한 생각	76
갈대 피리 만들기	77
이런 땅엔 요런 식물들이	78
춤추는 잠자리	80
식물에도 튜브가?	82
보이지 않는 먹이사슬	83
물에 사는 식물들의 뿌리 내리기	84

05 갯벌 생태 이야기
몽산포 갯벌

갯벌 위의 지도	87
갯벌에서 바다 속 구경을?	90
조개 한 바구니	92
대맛조개 잡는 법	96
얼렁뚱땅 요리 시간	98
뚱보 갈매기와 저녁노을	100
소금은 어디에서 왔을까?	101
조개 목걸이 만들기	102

06 나비가 있는 들판 이야기
함평 나비 축제

대식가 애벌레	104
나비 길 따라 나불나불	108
마술에 걸린 나비	110
나비와 나방은 어떻게 다를까?	112
나비 따라 훨훨	114
명주실 만들기	116
축제의 이모저모	118
내가 만난 나비들	120

사람아 사람아

07 우리 민속 놀이 이야기
안동 하회 마을

돌담 길에서 떠올린 상상	124
북촌 마을, 남촌 마을	128
하회탈 이야기	130
하회 별신굿 놀이	132
다양한 별신굿 한마당	134
우리나라 탈을 찾아요	136

08 조선의 마지막 황실 이야기
전주 한옥 마을

승광재와 설예원	140
우리 전통 한옥 감상하기	144
산으로 돌아가는 사람들	145
꼭 가 봐야 할 곳들	146
승광재에서 궁중 음식을 구경해요	147
승광재에 남아 있는 조선 황실의 흔적	150
특별 체험, 김치 담그기	151

09 산간마을 농촌 이야기
토고미 마을

허수아비가 지키는 마을	152
'토고미 오리 쌀 축제' 후기	156
할머니의 옛날이야기	159
생활 도구 구경	160
사람을 닮은 집	162
토고미 마을을 떠나며 잊지 못할 한 장면	163

에필로그 여행을 마치고   164

긴 여행 남은 이야기

동쪽 끝 작은 섬, 독도	168
가고 싶은 그곳, 백두산	174

부록 내가 꾸미는 자연 생태 앨범   178

자연아 자연아

나비 따라 훨훨 떠나가면
소리 없이 찾아오는 봄을 만날 거예요.
탱글탱글 영그는 여름도 만나겠죠.
우두두둑 떨어지는 가을을 걷다 보면
어느새 하얗게 내리는 겨울에 당황할지도 몰라요.
까닭없이 가슴이 두근거려요.
자연이 어서 오라 손짓을 하네요.

자연아 자연아
나를 어디로 데려가려고?

01 도심 속 풀숲 이야기

길동 생태 공원

숲 속에서 생긴 일

'저게 뭘까?'

나무 같기도 하고, 작은 인형 같기도 한 저게 뭘까요? 길동 생태 공원에서 나를 처음 반겨 준 친구.

탱자나무 곁으로 살금살금 다가간 나는 나무 사이에 몸을 숨긴 채 한참을 지켜보았어요.

꿈틀꿈틀, 작은 인형이 움직이기 시작했지요. 순간, 눈앞에서 무언가 특별한 일이 벌어질 거란 걸 짐작할 수 있었어요.

얼마나 시간이 흘렀을까요? 작은 인형을 뚫고 빨긋빨긋 까만 날개가 보이기 시작했어요.

긴꼬리제비나비의 번데기
긴꼬리제비나비는 번데기의 모습으로 춥고 긴 겨울을 납니다. 가는 실을 만들어 데롱데롱 가지 끝에 매달린 채 돌아올 따뜻한 새봄을 기다리지요.

긴꼬리제비나비의 우화
우화란 번데기가 날개 있는 성충으로 변하는 걸 말해요.
나비는 알로 태어나서 애벌레가 되고 다시 번데기가 된 후,
비로소 나비로 우화하지요.

긴꼬리제비나비가 빠져나간 번데기
주인 없는 빈집만 휑하니 남아 버렸어요.

와우! 긴꼬리제비나비예요. 내가 지켜본 것은 나비의 번데기였던 거예요. 겨울잠 잔 번데기가 나비로 우화하는 장면을 직접 보게 되다니! 정말 굉장하죠?

번데기 속을 빠져나온 나비는 힘에 겨운 듯 잠시 휴식을 취했어요. 나는 나비를 향해 나지막이 속삭였지요.

**탱자나무에 앉은
긴꼬리제비나비**
산속 계곡 근처에 사는 긴꼬리제비나비는 고추나무, 라일락, 엉겅퀴, 무궁화 같은 꽃에서 꿀을 빨아 먹어요.

"나비야, 나비야,
　겨우내 나를 기다렸니?
　첫 비행을 내게 보여 주고 싶었니?"

내 말을 알아들은 걸까요?
나비는 나뭇가지를 차고 힘차게
날아오르더니, 숲 속으로 훨훨
날아갔습니다.

어쩜 '나비의 우화' 정도는 매일 벌어지는 사건 중 하나에 불과할지도 몰라요. 길동 생태 공원 숲 속에는 수많은 동물과 식물, 그리고 곤충이 우글거리고 있으니까요. 저 숲 속에선 얼마나 많은 사건이 벌어질까요?

기대와 흥분으로 가슴이 콩닥거렸어요.

찌르르 찌르르르, 풀숲에선 곤충들의 합창이 한창이었죠. 합창 소리에 취해 풀숲으로 발걸음을 옮길 때였어요.

"개굴개굴!"

난데없이 눈앞으로 뛰어오른 개구리 한 마리!

"엄마야!"

나는 비명을 지르며 털썩 주저앉고 말았지요. 하지만 더 놀란 것은 개구리였나 봐요. 비명 소리에 놀란 듯 파랗게 질려서는 폴짝폴짝 달아나 버리지 뭐예요.

'에이, 비명만 지르지 않았어도 개구리와 놀 수 있었을 텐데.'

하지만 후회만 하고 있을 수는 없었지요. 나는 곧 툭툭, 엉덩이에 묻은 흙먼지를 털며 일어서야 했지요. 푸른 숲이 '어서 오라' 손짓하며 유혹하고 있었으니까요.

길동 생태 공원에선 이런 습지도 만날 수 있어요. 이 사진은 가을날 찍은 거랍니다.

❖ **길동 생태공원**

위치: 서울 강동구 길동 3번지

주요시설: 산림 지구, 초지 지구, 저수지 지구, 습지 지구를 갖춘 대규모 생태 공원으로 개울, 저수지, 조류 관찰대, 자연 탐방로, 야외 관찰대 등이 있음.

재미있는 숲 속

숲에서 가장 먼저 만난 친구는 땅강아지였어요.

"땅강아지야, 안녕"

반갑게 인사를 건네 봤지만, 내 말은 들은 척 만 척 땅강아지는 땅 파기에만 열중했지요.

"쳇! 너하곤 친구 안 해."

서운한 마음에 돌아서려는데, 이상한 소리가 들려왔어요.

"바스락 바스락, 사각 사각……."

바람에 실려 오는 나직한 소리.

숲 속 나무 사이에서 들려오는 소리였어요.

'무슨 소릴까?'

살금살금 숲으로 들어가던 난 깜짝 놀랐어요. 나뭇가지, 잎사귀, 수풀 사이에 수많은 곤충들이 있었거든요.

내 모습이 무서웠던 걸까요? 곤충들은 제 몸을 숨기느라 법석을

나무 기둥에 집을 짓고 사는 늑대거미는 나무껍질처럼 변장한 보호색 옷을 입고 있어요.

땅 파기에 열중인 땅강아지
땅강아지는 앞다리가 두더지처럼 넙적하고 단단해서 땅 파는 재주꾼이에요.
땅굴 집이 완성되면 땅속에 알을 낳게 되는데 일 년에 한 차례 200개가 넘는 알을 낳는답니다.

우화하는 잠자리
잠자리도 나비처럼 우화 과정을 거쳐 성충이 돼요. 우화를 마친 잠자리는 빈 껍데기에서 빠져나오자마자 날개를 활짝 펴고 하늘로 날아오른답니다.

떨었지요. 꽃처럼 나무처럼 저마다 변장을 하려고 애쓰는 모습들이었지요.

"킥킥, 그러고 있으면 내가 모를 줄 알고?"

나는 웃음을 참느라 애를 먹었어요. 곤충들이 보호색으로 위장하고 있다는 사실을 눈치 챘거든요.

몰래몰래 모습을 바꾸는 곤충들은 꼭 숨바꼭질하는 애들 같아요.

"어서 숨어. 빨리 숨어."

숲 속에선 이런 소리도 들리는 듯했어요.

"숨바꼭질은 나도 잘 하는데."

나도 곤충들과 숨바꼭질을 하고 싶었어요. 한 걸음 살짝, 두 걸음 살짝, 나무 뒤로 숨었지요.

"어머나!"

하지만 몸을 채 숨기기도 전에 또다시 놀라고 말았답니다. 작은 잎 사이로 우화 중인 잠자리를 보았거든요. 힘겹게 우화를 끝낸 잠자리는 잠시 휴식을 취한 후, 멀리 날아가 버렸어요.

잠자리는 알고 있을까요?

내가 잠자리의 비밀스런 모습을 몰래 숨어 보았다는 사실을.

풀숲에서 소곤소곤

땅강아지의 숨바꼭질

세상에서 가장 재밌는 숨바꼭질이 벌어지고 있어요.
곤충들의 숨바꼭질! 숨바꼭질의 주인공은 귀여운 땅강아지랍니다.

오늘 술래는 **벌**이에요. "꼭꼭 숨어라, 뒷다리가 보일라. 꼭꼭 숨어라, 더듬이가 보일라."

땅강아지는 숨을 곳을 찾아요.
두리번두리번.

영리한 **방아깨비**는 위장술의 천재!
"나뭇잎처럼 보이겠지? 나 찾아봐라~."

느림보 **우렁이**는 멈칫!
"그냥 있으면 나무 줄기처럼 보일 거야."

꾀돌이 **좀사마귀**는 앞다리를 쭈욱! 뒷다리도 쭈욱!
"난 사마귀가 아냐. 막대기라 불러 줘."

숨을 곳을 찾지 못한 **지네**는 허둥지둥.

"땅속에 숨을 거야." 맘 먹은 **땅강아지**는

어느새 쏙!

곤충들의 보호색

곤충들은 적의 눈에 띄지 않기 위해 몸의 색을 주변의 것과 같은 색으로 바꾸는데, 이런 것을 보호색이라고 해요. 어떤 벌레는 나뭇잎처럼, 어떤 벌레는 나뭇가지처럼 스스로를 변신시켜요. 곤충들은 정말 놀라운 마법사예요.

앗!
이번엔 지네가 술래다!

풀숲에서 소곤소곤

곤충들의 자연 방정식

숲 속엔 신기한 곤충들이 우글우글! 한 걸음 디딜 때마다 만나는 이름 모를 곤충들. 요런 곤충, 조런 곤충 만나다 보면, '낄낄, 킥킥킥' 머릿속에 재미있는 방정식이 생겨나요.

뜨개질 잘 하는 거미 한 마리는

높이뛰기 선수인 메뚜기보다 적고요. 메뚜기는…

데롱데롱
박하잎벌레보다 적고요.

광대노린재 애벌레는 우글우글 송충이보다 적어요.

박하잎벌레는 동글동글
광대노린재 애벌레보다 적고요.

하지만 그 모습은 똑같이 예쁘니까,
곤충들의 자연 방정식은
등호(=)이지요.

버섯과 덤불의 한 판 씨름

　숲 속 깊숙이 들어가 보면 기막힌 행운을 만날 수도 있어요. 내가 만난 행운은 '숲 속의 씨름 장면'이에요.

　지금부터 들려 주는 이야기는 아주 특별하니까 두 눈을 반짝거리며 들어야 해요.

　"아휴! 다리야."

　숲 속을 헤매느라 지쳐 버린 다리를 쉬려고, 나무 그루터기에 몸을 기대앉던 참이었어요.

　푸석푸석 바삭바삭,

　덤불 숲 사이에서 이상한 소리가 들려왔어요. 자세히 살펴보니 솔가지 덤불이 들썩거리는 것 같았지요. 가만 귀를 기울이자, 이런 소리까지 들리는 듯하지 뭐에요.

　"영차! 영차!"

1 솔가지 덤불이 솟아났어요. 무슨 일이 일어나는 걸까요?

2 송이가 얼굴을 들이밉니다.
솔가지 덤불을 밀어내는 송이의 힘이 놀라워요!

3 제법 자라났어요. 몸통까지 모습을 드러냅니다.

"낑낑!"

세상에!

버섯과 덤불의 씨름이 한창이었어요. 덤불을 헤치고 나오려는 송이버섯과 여긴 제 땅이라며 버티는 솔가지 덤불. 씨름은 오랫동안 천천히 진행되었지요.

"아함!"

어찌나 오랜 시간이 걸리는지 하품이 나올 지경이었어요. 하지만 이런 특별한 장면을 놓칠 수는 없었어요. 졸음을 꾹 참고 끝까지 지켜보았지요.

4 겨우 반나절이면 이렇게나 불쑥 자라난답니다.
송이의 힘은 정말 놀라워요!

낮에 시작된 씨름은 오후 늦은 시간이 되어서야 끝이 났답니다. 그 오랜 시간을 지켜보고 있었다니! 내 자신이 대견스러울 정도였어요. 그럼 누가 이겼냐고요?

글쎄요.

개구리의 세상 구경

습지도 재미있어요. 신기한 게 많거든요. 연못엔 신기한 풀과 예쁜 꽃이 피었고, 이름 모를 곤충들이 스멀스멀, 푸드득푸드득 쉴 새 없이 나타나지요. 연못에선 잠시 발걸음을 멈춰야 했어요. 동글동글 뭉글뭉글, 이상한 것을 보았거든요.

'비눗방울 같은 저게 뭘까? 개울 속에서 누가 비눗방울 놀이를 하는 걸까?'

아하! 개구리 알이네요. 언젠가 곤충도감에서 본 '개구리의 한살이' 장면이 기억났어요. 개구리 알은 올챙이로 변하고, 올챙이는 개구리로 변해요. 개구리 알을 직접 보게 되다니! 굉장하죠?

하지만 더 굉장한 건, 바로 요것이에요!

이건 앞에서 본 개구리의 모습이에요.

세상 구경하는 개구리
겨울잠에서 깨어난 개구리는 아직 잠에서 덜 깬 것 같아요. "아함, 잘 잤다. 뭐부터 하지?"

몽글몽글 피어나는 개구리 알
미끌미끌 거품처럼 보이는 개구리 알을 이렇게 눈앞에서 만나긴 처음이에요.

무럭무럭 자라나는 올챙이들
개구리 알에서 깨어난 올챙이들은 이제 곧 개구리가 되겠지요.

'세상 구경하는 개구리'

개구리는 내가 다가온 것도 모른 채, 연못 밖 세상 구경에 푹 빠져있지 뭐예요.

"개굴아, 개굴아, 뭐가 보이니?"

놀란 개구리는 화들짝 달아나 버렸지요.

지금도 궁금해요.

개구리가 바라본 세상엔 과연 무엇이 있었을까요?

> 요놈은 맴맴 맹꽁이.
> 터질 듯 팽팽한 이 몸매 좀 보세요.

> 요놈은 하늘빛 변종 청개구리.

> 요건 개구리가 아니에요.
> 두꺼비랍니다.

봄꽃 이야기

공원 안에서 가장 눈에 띄는 것은 다양한 꽃이에요. 갖가지 꽃들이 만들어 내는 향기에 정신이 아찔할 지경이지요. 꽃들의 세상에 초대를 받은 느낌마저 들어요. 빨간 꽃, 노란 꽃, 파란 꽃, 알록달록 꽃까지, 사방이 온통 꽃이어서 '어느 꽃과 먼저 인사를 하지?' 하는 걱정도 했답니다.

쉿! 이건 비밀인데요, 예쁜 꽃잎이 너무 탐나서 자칫 꽃을 꺾을 뻔 했어요.

'조걸 꺾어다가 말려서 책갈피를 만들면 굉장히 예쁠 텐데……! 친구들에게 선물하면 아주 좋아할 거야.'

하지만 꾹 참았어요. 공원 안의 꽃들이나 나무, 곤충들은 모두 우리가 함께 지켜야 하는 소중한 자연이니까요. 대신 사진 속에 예쁜 모습들을 담아 왔어요.

가래 수염

흰씀바귀

은방울꽃

갈퀴현 오색

개별꽃

감자난
깊은 산속에 자라는 난초과의 여러해살이 풀이에요. 5~6월에 황갈색의 예쁜 꽃이 피어요.

고깔제비꽃
고깔제비꽃은 약으로도 쓰이는 귀한 꽃이에요. 4~5월에 꽃이 피지요.

금낭화

금마타리
금마타리는 마타릿과의 여러해살이 풀이에요. 6~7월이 되면 꽃이 피고, 높이는 30㎝ 정도인데 잎자루가 아주 짧아요.

도깨비꽃

긴담배꽃

여름 꽃들의 시합

여름엔 숲이 더욱 아름다워진대요. 꽃들이 활짝 피어나니까요. 꽃길을 걸으며 이런 상상을 했어요.

'꽃의 계절 여름엔 '예쁜 꽃 선발대회'가 벌어지지 않을까?'

어쩜 상상의 이야기만은 아닐 수도 있어요. 정말 숲 속의 꽃들은 그런 대회를 벌일지도 모르잖아요? 꽃길을 걸으며 상상한 이야기를 하나 들려줄게요.

어느 해 여름, 꽃들의 나라에 '예쁜 꽃 선발 대회'가 열렸더래요. 한껏 멋을 낸 꽃들이 모여들었고, 드디어 대회가 시작되었어요.

참가번호 1번은 갯패랭이꽃. 분홍 갯패랭이는 고개를 바짝 쳐들며

"내가 제일 예쁘지."

했더래요. 그러자 노란 곰취가 갯패랭이꽃을 비웃으며

"곰곰 생각해 봐. 나보다 더 예쁠까?"

했지요. 이번엔 발그레한 노루오줌꽃이 나섰어요.

"나보다 더 고운 빛깔의 꽃은 세상에 없을걸?"

그때, 난데없이 나타난 뚱딴지꽃, 이렇게 말하지 뭐예요.

"노루오줌꽃아, 노루가 네 잎에 오줌을 눴니? 그래서 이름이 노루오줌이니?"

정말 뚱딴지 같은 소리에 노루오줌꽃은 발그무레하던 볼이 더 빨갛게 변했고요, 까르르, 까르르, 웃어 대던 꼬리풀은 너무 웃다가 그만 허리가 휘어졌지요. 어디 그 뿐인가요? 노란 물봉선꽃은 웃다가 떨어져 가지에 대롱대롱 매달리는 신세가 됐고요. 달맞이 준비해야 할 달맞이꽃은 제 할 일도 잊은 채 웃다가 그날 밤은 달맞이도 못했더래요.

노루오줌이란 이름은 어떻게 생겨난 걸까요?
노루오줌 꽃은 그 뿌리에서 독한 지린내가 난대요. 그 냄새가 마치 노루오줌 냄새 같다죠. 신기하죠? 저렇게 예쁜 꽃에서 역겨운 지린내가 나다니! 비슷한 이유로 쥐오줌, 여우오줌, 요강꽃도 있어요.

꼬리풀   갯패랭이   노루오줌

뚱딴지꽃

곰취

물봉선꽃

달맞이꽃

제비꽃 할머니

숲 길을 돌아 나오는 길, 자그마하신 할머니 한 분을 만났어요. 할머니는 돋보기 안경을 쓴 채 열심히 수풀 속을 살피고 계셨지요.

"할머니, 뭘 찾고 계세요?"

할머니는 잠시 고개를 돌려 눈인사를 보낸 후, 이내 다시 수풀 사이를 뒤적이셨어요.

"봄을 찾고 있지."

난 어리둥절했어요. 처음엔 손녀의 이름이 '봄'인가 했어요. 하지만 사람을 찾는 거라면 수풀을 뒤적거릴 리가 없잖아요.

"제비꽃을 찾는 거란다. 제비꽃은 봄을 대표하는 꽃이잖니."
내 맘을 알아차린 듯 할머니는 웃으셨어요.
"제비꽃을 보면 봄날처럼 마음이 따뜻해지지."
"저도 함께 찾아볼게요."
나도 할머니 곁에 옹그리고 앉았어요. 하지만 제비꽃은 보이질 않았지요. 숲에선 많이 봤는데, 막상 찾으려니 안 보이지 뭐예요.
"제비꽃은 제비가 돌아올 무렵에 피는 꽃이라서 그렇게 부르지. 알고 있니?"
할머니는 재미난 옛날 얘기라도 들려주시려는 눈치였어요. 사실 제비꽃 이름이 생겨난 사연 정도는 다 알아요. 하지만 할머니를 실망시켜 드리고 싶지는 않았지요.
"몰랐어요. 할머니, 다른 꽃 이야기도 해 주세요."
"혹시 며느리밑씻개라는 꽃을 아니?"
"아뇨."
"줄기에 가시가 있지만 아주 예쁜 꽃이지."
"근데 이름이 이상해요."
나도 몰래 웃음이 터졌어요. 밑씻개라니! 지금 말로 하면, 엉덩이를 닦는 화장지라는 뜻이잖아요. 할머니도 빙긋 웃으셨지요.
"옛날 경상북도에 며느리를 몹시 미워하는 시어머니가 있었더란다. 하루는 밭에서 일하던 시어머니가 갑자기 뒤가 마려워 밭두렁에서 볼일을 보게 되었지. 일을 다 보고 뒷마무리를 하려는데, 마침 저만치 호박잎이 보이는 거야."
"호박잎은 뭐 하게요?"
"옛날엔 종이가 귀했기 때문에 나뭇잎으로 뒤를 닦았거든. 시어머니는 덥석 호박잎을 잡았지. 헌데 가시가 돋은 풀이 함께 손에

제비꽃
봄이면 산에서 피어나는 제비꽃은 보라색, 노란색, 흰색 등 다양한 색이 있어요.

며느리밑씻개
이 꽃은 줄기에 잔가시가 많아서 다른 것에 잘 감겨요.

잡혔지 뭐냐. 시어머니는 비명을 지르며 투덜거렸지. '저 놈의 풀이 며느리 똥 눌 때 걸려들지 하필 지금 나타날 게 뭐야.'"

"아하! 그 후로 풀꽃 이름이 '며느리밑씻개'가 됐군요."

시어머니가 투덜대는 모습을 상상하니, 어찌나 우습던지. 난 다시 터져 나오려는 웃음을 간신히 참았어요.

그때였어요.

"앗! 제비꽃이다."

눈앞에 보랏빛 꽃잎이 보였어요.

"여기 숨어 있었구나. 정말 봄이로구나."

할머니의 눈빛도 보랏빛으로 물들고 있었지요. 내 가슴도 봄이 온 듯 따뜻해졌어요.

봄을 가져다 준 제비꽃아! 고마워.

풀숲에서 소곤소곤

풀숲에 사는 재미있는 친구들

길동 생태 공원에서는 정겨운 곤충과 개구리들을 만날 수 있어요.
내가 만난 친구들을 소개할게요.

무당개구리는 지금 짝짓기가 한창이에요.
짝짓기가 끝나면 연못 속에 들어가 몽글몽글
개구리 알을 만들어 내겠죠?

장수풍뎅이는 수컷의 머리에만
3cm 정도의 뿔이 달려 있답니다.

하루살이는 1cm가 겨우 넘을 만큼 작은 벌레
랍니다. 수명은 길어야 며칠을 넘기지 못해요.

청개구리는 모두 청색일까?
청개구리는 항상 청색으로 살지 않는답니다.
청개구리는 주변 환경에 따라 다양한 보호색을
띠게 되는데 녹색빛을 띤 노란색, 회색을 띤 흰
색, 어두운 갈색 등으로 다양하게 변한답니다.

요건 원래 청개구리인데,
색이 변해서 회색개구리가
되었대요.

02 도심 속 냇물 이야기

여의도 샛강 공원

오리야, 안녕!

여의도 샛강 공원에서 처음 만난 친구는 오리 가족이에요.
'꽥꽥!' 엄마 오리가 부르면 졸졸졸 그 뒤를 따르는 새끼 오리들! 줄지어 따르는 새끼 오리들은 마치 소풍 나온 꼬마들 같았어요.
"나도 오리 할래."
슬그머니 장난기가 발동한 나는 오리 가족을 따라나섰답니다. 뒤뚱뒤뚱 오리 흉내를 내면서 말이죠. 꽥꽥! 힘껏 목청 돋우어 소리도 질러 봤지요. 푸드득 푸드드득……, 내 소리가 너무 컸던 걸까요? 놀란 어미 오리가 속력을 내기 시작했어요. 물론 새끼 오리들도 어미를 따라 파득파득 날갯짓을 했고요. 뒤뒤뚱 뒤뚱뒤뚱, 내

샛강의 전경
쓰레기늪이었던 이곳에 사람들은 한강물과 지하수를 끌어들여 샛강을 만들었어요. 그러자 꽃들과 물고기들이 어울려 사는 생태 공원이 되었답니다.

걸음도 빨라져야 했지요. 하지만 곧 '오리 쫓기'를 그만두기로 했어요. 나를 피해 줄행랑 놓는 오리 가족 사이로 뒤처지는 오리가 생겼거든요. 미처 무리를 따라잡지 못해 뒤떨어진 새끼 오리였어요. 혼자 떨어진 새끼 오리를 보자, 마음이 아팠어요. 안데르센의 동화, '미운 오리 새끼'가 생각났기 때문이에요.

"오리야, 미안해."

나는 새끼 오리에게 진심으로 사과를 했습니다.

새끼 오리는 내 말에 용기를 얻은 듯, 온 힘을 다해 무리 속으로 섞여들어 갔지요.

"오리들아, 안녕!"

나는 서둘러 오리 가족과 작별 인사를 나누었어요. 이곳에서도 만나야 할 친구들이 아주 많다는 것을 알고 있었으니까요.

여의도 샛강은 도심 속에 자리 잡은 작은 강이에요. 마음만 먹으면 언제든 갈 수 있는 곳이지요. 그 때문에 오히려 이곳을 모르는 사람들이 많다고 해요. 도심 속에 멋진 보물을 숨겨 두고 말이에요.

여의도 샛강은 크게 세 곳으로 나뉘어져 있어요. 생태 연못 지구, 해오라기 숲 지구, 여의못 지구의 세 곳으로요.

'어디부터 가 볼까?'

안내판을 처음 본 사람은 이런 고민을 해요. 하지만 고민할 필요가 없어요. 세 곳 모두 멋진 친구들이 기다리고 있으니까요.

저기 저 토끼가 보이죠?

버드나무 아래서 잠시 쉬다가 만난 토끼랍니다. 난 토끼를 따라가기로 했어요.

갈 길을 몰라 고민스러울 때, 때론 길잡이가 되어 주는 친구가 있죠. 난 토끼를 길잡이로 선택한 거예요.

'혹시 토끼 나라로 가게 되는 건 아닐까? 이상한 나라의 앨리스처럼 말야.'

하는 생각이 잠시 들었지만 이런 걱정도 하지 않기로 했어요. 이상한 나라의 앨리스도 나쁘진 않으니까요.

나는 아직 어려서 모르는 게 많지만, 어디로 가야할지 알 수 없다면 전혀 생각지 못한 길로 가 보는 것도 괜찮지 않을까요? 그곳에 무엇이 있을지는 아무도 모르니까요.

❖ **여의도 샛강 공원**

1997년 9월 25일, 국내 최초로 조성된 생태 공원
위치: 서울 특별시 여의도동
면적: 18만 2000제곱미터
주요시설: 계류 시설, 수초 수로, 생태 연못, 저습지, 관찰 마루, 관찰로, 건생 초지.

버드나무 아래서 쉬고 있는 토끼
샛강에서 내가 만난 토끼예요. 거북과 경주를 하다 자만한 토끼가 잠시 쉬고 있는 건 아닐까요? "토끼야, 토끼야. 네가 사는 곳을 보여 줄래?"

토끼풀 놀이

"어? 토끼가 어디로 갔지?"

토끼를 따라가던 나는 풀숲에서 토끼를 놓치고 말았어요. 눈 깜짝할 사이에 토끼가 사라져 버렸거든요.

하지만 당황하지 않았어요. '이상한 나라의 앨리스'가 되지도 않았고, 길을 잃지도 않았으니까요. 오히려 토끼 덕분에 재미있는 친구를 만났답니다. 토끼가 사라진 곳엔 토끼풀 꽃이 하얀 얼굴을 방실거리고 있었거든요.

"토끼풀 꽃아, 반가워."

난 토끼풀 사이로 옹크리고 앉았어요.

토끼풀은 흔히 클로버라고 불러요. 정확히는 '라디노 클로버'라고 한대요. 사람들은 흔히 네 잎 클로버를 행운의 상징이라고 믿어요. 그래서 네 잎 클로버를 찾기 위해 세 잎 클로버를 짓밟는 실수를 하고 말아요. 하지만 평범하고 흔한 것들이 진짜 소중한 게 아닐까요? 우리 곁에서 언제나 친구가 되어 주잖아요.

아차! 내가 하려던 이야기는 이게 아닌데! 사실은요, 토끼풀 꽃 이야기를 하려는 참이었어요. 엄마가 그러시는데요, 토끼풀 꽃으로는 참 많은 것을 만들 수 있대요.

토끼풀
토끼풀이란 이름은 토끼가 좋아하는 풀이라서 붙여진 이름일 거라고 해요. 하지만 정확한 이유는 알려지지 않았대요.

샛강에서 소곤소곤

토끼풀 꽃으로 팔찌 만들기

요건 엄마가 알려 주신 방법이에요. 토끼풀 꽃으로 만드는 반지와 팔찌!
토끼풀 왕관을 쓰면 토끼풀 나라의 임금이 된 기분이 들지 않을까요?

01 토끼풀 꽃 두 개를 길게 잘라서

02 하나의 줄기에 작은 칼집을 낸 후,

03 다른 토끼풀 꽃의 줄기를 칼집 낸 구멍 속에 쏙 집어 넣어요. 요렇게요.

04 마지막으로 손가락이나 팔뚝에 맞춰 줄기를 묶으면 끝! 근사한 반지와 팔찌가 된답니다.

참게
참게가 몸을 옹크리고 숨고 있어요.
"참게야, 참게야, 뭐가 그리 무서운 거니?"

큰 성 속에 숨어 버린 물고기들

강물을 따라 걸어가는 것만큼 멋진 일이 있을까요?

뒷짐을 지고 천천히 강가를 걷다 보면 어쩐지 영화 속 주인공이 된 것 같아요. 강물은 유유히 흐르고, 풀 냄새는 향긋하죠. 마침 멋진 새라도 한 마리 날아온다면 더 멋질 거예요. 풍덩! 하고 강물 속에서 물고기가 튀어 오르는 장면도 멋지겠죠?

하지만 내가 본 샛강에서는 그런 일은 벌어지지 않았어요. 샛강은 그림처럼 고요했어요. 파릇한 물풀들이 물결을 따라 술렁술렁 춤을 출 뿐이었죠. 가끔 물풀 사이로 유연하게 몸을 트는 작은 물고기들은 볼 수 있었어요. 그것만으로도 만족했답니다. 도심에서 물고기를 만날 수 있다는 것만도 대단한 행운일 테니까요.

하지만 아쉬움이 없는 건 아니에요. 나중에 알게 된 사실이지만, 샛강엔 아주 많은 물고기들이 살고 있다고 하거든요. 아마도 샛강 속엔 물고기 나라가 있고, 물고기들은 모두 큰 성 속에 숨어 버렸나 봐요. 그래서 난 물고기 나라에 편지를 쓰기로 했어요. 어쨌든 물고기들과 인사를 하고 싶으니까요.

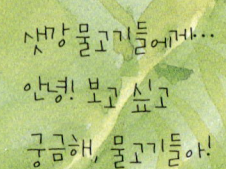

샛강 물고기들에게…
안녕! 보고 싶고
궁금해, 물고기들아!

참게
바위 밑 그늘에서 참게가 쉬고 있어요. 참게는 시원한 바위에 앉아 이렇게 한참을 쉬었답니다.

메기
넙적하고 큰 입에 수염이 길게 나 있는 모습이 참 재미있어요. 간혹 1m가 넘는 것도 있대요. 물속에서 우연히 만나면 좀 무서울 것 같죠?

붕어
은백색의 온몸이 햇빛을 받으면 반짝반짝 빛이 나요. 둥근 비늘 옷을 입고 둥근 지느러미를 한 큰 눈의 붕어는 참 착할 것 같아요.

청거북
청거북은 귀가 붉은색이라 붉은귀거북이라고도 부른대요. 좀 퉁명스럽게 생겼죠?

납자루
납자루는 별명이 많아요. 각시붕어, 버들붕어, 납지리 등으로도 불린답니다. 은백색의 예쁜 저 몸매 좀 보세요.

곤충들의 점심 식사

"쪼르륵 꼬륵꼬륵!"

강가를 걷다 보니, 배 속에서 천둥소리가 났어요. 시계를 보니, 점심때가 지났지 뭐예요. 근처 한강 공원 매점에서 점심을 해결할 생각으로 발걸음을 막 돌리는 참이었어요.

'곤충들은 어떻게 점심 식사를 할까?'

문득 이런 생각이 머릿속을 스쳐갔죠. 난 발걸음을 멈추고 풀숲으로 들어가기로 했어요.

'곤충들도 한창 점심 식사를 하고 있을 거야.'

사뿐사뿐, 숲으로 들어가는데, 역시! 내 생각이 틀리지 않았어요. 식사 중인 재래꿀벌과 큰허리노린재를 만났거든요.

산호랑거미는 거미줄을 쳐 놓고 한창 먹이사냥 중이었어요. 아, 저기 작은 곤충 한 마리가 잡혔어요. 불쌍하기도 해라!

큰실베짱이는 사각사각 나뭇잎 요리를 먹네요.

재래꿀벌은 흰 꽃에 머리를 파묻고 꿀을 빨아먹느라 정신이 없었어요.

큰허리노린재도 마음에 드는 꽃에 자리를 잡고 식사하느라 바빴지요.

산호랑거미의 거미줄에 걸린다면……! 으악!!

여치의 한 종류인 **큰실베짱이**도 만날 수 있었어요!

곤충들이 밥 먹는 모습을 보자 나도 배가 고파졌어요.

요건 내가 먹은 점심이에요. 곤충들이 먹은 점심과 내 도시락 중에 어느것이 더 맛있을까요?

곤충들은 왜 꽃에 올까?

꽃 속의 꿀을 먹기 위해서지요. 그런데 곤충들이 꽃에서 식사를 즐길 때면, 꽃들에게선 놀라운 일이 벌어져요. 꿀벌 한 마리가 꽃에서 식사 중일 때면 꽃가루의 일부가 꿀벌의 몸에 붙게 돼요. 그리고 꿀벌이 다른 꽃으로 옮겨 가면 꿀벌 몸에 붙었던 꽃가루가 떨어져 꽃을 수정시키는 거예요. 그럼 수정된 꽃에선 씨앗이 생기는 거지요. 곤충들이 꽃들을 결혼시켜 주는 셈이래요.

샛강에서 만난 꽃들

여의도 샛강에선 유난히 노란 꽃을 많이 만났어요.

샛강에서 만난 노란 꽃들이에요.

갈퀴망종화
갈퀴망종화는 꽃잎은 둥근 모양이지만 이파리는 뾰족하게 돌려 나요.

개소시랑개비
유럽에서 온 장미과의 풀이에요.
바람만 불어도 날아갈 것 같죠?

고들빼기
고들빼기는 꽃을 먹으면 쓴맛이 나는데, 입맛을 돋우고 소화제의 역할도 한대요.

괭이밥
괭이밥은 씹으면 신맛이 나는데 생으로 먹기도 한답니다.

큰금계국
국화과의 한 종류인 이 꽃은 6~8월이 되면 요렇게 예쁜 꽃이 핀대요.

그렇다고 샛강엔 노란 꽃만 있다는 뜻은 아니에요. 내 눈엔 노란 꽃들이 많이 보였단 말일 뿐이죠. 흰 꽃도 제법 많았어요.

샛강에서 만난 흰 꽃들이에요.

개회향
희고 작은 꽃들이 마치 소금을 뿌려 놓은 것 같아요.

찔레꽃
하얀 찔레꽃은 5월이면 희고 예쁜 꽃을 피운답니다.

털기름나물
재미있는 이름의 요 꽃은 보기엔 솜털처럼 보송하지만 만져 보면 도톨도톨하답니다.

그런데요, 요건 도대체 뭘까요?

개망초랍니다. 개망초를 본 순간 웃음이 터지고 말았어요. 하필 노란 꽃과 흰 꽃 사이에 어정쩡하게 서 있는 폼이?

개망초를 보자, 내 머릿속엔 이런 이야기가 하나 만들어졌어요. 들어 볼래요?

개망초
개망초는 개망풀, 넓은잎잔꽃풀, 망국초 등 별명이 여러 개입니다.

멋쩍은 개망초

　노란 꽃과 흰 꽃만 사는 이상한 나라가 있었어요.
　어느 날, 노란 꽃과 흰 꽃 사이에 싸움이 벌어졌답니다.
　"세상을 노랗게 만들 거야. 흰 꽃들은 내쫓자."
　"세상을 하얗게 만들어야 해. 노란 꽃들을 내몰자."
　노란 꽃과 흰 꽃들은 각자 모여 작전을 짜느라 분주했지요.
　그러자 그 틈에서 곤란해진 꽃이 바로 개망초예요.
　'난 흰 꽃일까, 노란 꽃일까?'
　고민 끝에 개망초도 작전을 짰어요.
　"노란 세상이 아름답지. 나도 노란 꽃이거든."

노란 꽃들에겐 이렇게 말했고요.
"하얀 세상이 난 좋아. 난 너희들 편이야."
흰 꽃들에겐 또 이렇게 말했던 거예요.
"쟤 뭐야? 쟤는 왜 자꾸 이랬다저랬다 하는 거야?"
"맞아. 이쪽에 붙었다, 저쪽에 붙었다, 기분 나빠."
흰 꽃들과 노란 꽃들은 모처럼 개망초를 사이에 두고 같은 생각을 하게 되었어요.
그러던 어느 날, 예상치 않은 일이 벌어졌어요.
"흰색과 노란색이 어우러진 지금의 모습이 역시 최고로 아름다운 것 같아."
흰 꽃과 노란 꽃들이 갑자기 화해를 해 버린 거지요.
가슴 졸이며 싸움을 지켜보던 개망초는 기쁜 마음에 고개를 쑥 내밀려 소리쳤어요.
"그래, 그래. 두 색이 어우러진 내 모습처럼 말야. 정말 멋지잖아. 그치?"
그 순간, 모든 꽃들이 일제히 개망초를 노려보았어요.
"넌 흰 꽃이라고 하지 않았니?"
"노란 꽃이라고 했던 것 같은데?"
개망초는 꽃들을 똑바로 바라볼 수가 없었지요.
"아, 하늘이 참 맑네."
결국 고개를 쳐들고 하늘만 멀거니
바라보아야 했답니다.

하늘을 바라보는 개망초
샛노란 얼굴에 하얀 망또를 두른 개망초.
노랗다고 하기엔 하얀 꽃잎이 걸리고, 하얗다고 하기엔 노란 얼굴이 너무 샛노래.

키 크고 날씬한 꽃들

누구나 큰 키에 날씬한 몸매를 원해요. 물론 나도 마찬가지예요. 하지만 원한다고 해서 다 가질 수 있는 건 아닌가 봐요. 난 키가 크지도 않고 날씬한 편도 아니거든요.

그 때문인지 난 유난히 큰 키의 날씬한 꽃들이 좋아요.

여의도 샛강 숲엔 그런 꽃들이 아주 많답니다. 당연히 그 꽃들을 내 카메라 속에 담아 왔죠. 보여 줄게요.

비비추
매끄러우면서도 감칠맛이 나는 산나물같지 않은 산나물이에요.

부처꽃
부처꽃은 우리나라에서 자생하는 꽃이에요.

자주개자리
높이가 90cm까지 자라는 자주개자리는 약으로 쓰여요.

이상해요.

왜 꽃들 중엔 뚱뚱한 꽃이 없는 걸까요?

아마도 인스턴트나 패스트푸드 음식을 먹지 않아서 그런가 봐요.

참새귀리
벼처럼 생긴 이 풀은 6~7월에 꽃이 핀답니다.

산들깨
이름이 들깨니까 먹으면 고소한 맛이 날 것 같다고요? 아니에요. 이름과 다르게 오히려 씁쓸한 치약 재료로 쓰인답니다.

소리쟁이
6~7월에 꽃이 피는 소리쟁이의 어린잎은 식용으로 쓰인답니다.

족제비싸리
5~6월에 꽃이 피는 족제비싸리는 땅을 튼튼하게 하는 이로운 식물이에요.

곤충들의 우산

여의도 샛강을 한참 돌아다니다 잠시 쉴 곳을 찾아 앉았어요. 풀숲이 우거진 시원한 나무 그늘 밑이었죠.

그런데 이게 뭘까요? 손가락 끝에서 살짝 끈적한 감촉이 느껴졌어요. 납작 엎드려서 보니 바로 마귀광대버섯이었어요.

킥킥, 납작한 갓 모양이 재미있어서 나는 그만 웃음을 터뜨렸어요. 마치 우산 같잖아요. 내 웃음소리 때문인지 때마침 버섯 아래에 숨어 있던 개미 한 마리가 꼬물꼬물 기어 나왔어요.

혹시 마귀광대버섯은 곤충들의 우산이 아닐까요? 비 오는 날이면, 잠시 비를 피해 쉬어 가려고 작은 곤충들이 옹기종기 모여드는 그런 장소 말이에요.

마귀광대버섯
숲 속에서 발견한 마귀광대버섯은 정말 꼭 곤충들의 우산처럼 보여요.

똑똑한 버섯 친구들

마귀광대버섯을 만난 후 이런 의문이 생겼어요. '버섯은 왜 나무 근처에서 많이 자랄까?'

버섯은 언뜻 보면 흙에서 자라는 것처럼 보이지만,
실제로는 나무에서 양분을 얻으며 자라납니다.
송이버섯, 광대버섯 등은 살아 있는 나무 뿌리에서 돋아나거든요.
또 많은 종류의 버섯들은 썩은 나무나 나무 그루터기에서 양분을 얻으며 자라나요.
낙엽이나 퇴비, 짐승의 분비물에 붙어서 자라는 버섯도 있고요.
그 때문에 버섯을 자연의 청소부라고 부른답니다.

아카시재목버섯이 썩은 나무 그루터기에서 자랐어요.

팽이버섯이 짐승의 분비물을 양분으로 자랐어요.

노랑망태버섯이 퇴비에서 자랐어요.

표고버섯이 나무 그루터기에서 양분을 먹고 자랐어요.

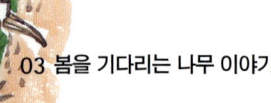

03 봄을 기다리는 나무 이야기

광릉 수목원

우연한 만남

토로로 톡토로로로, 마른 수풀 사이로 무언가 굴러오는 소리가 들렸어요. 조그만 잣 열매예요. 광릉수목원에서 제일 처음 만난 반가운 친구!

"열매야, 안녕!"

인사를 나누려고 열매를 집어 들었더니 똑 또로로, 열매 속에서 작은 씨앗 한 알이 떨어져 나왔어요. 내 손톱보다도 작은 앙증맞은 친구였죠. 작은 씨앗을 보고 있으니 이런 생각이 들었어요.

'씨앗은 자라서 무엇이 될까?'

어느 날, 씨앗은 이름 모를 새의 먹이가 될 거예요. 새는 나뭇가지 위에서 슬쩍 똥을 누고요, 새똥에 섞인 씨앗은 땅으로 떨어질 거예요. 땅에서 겨울을 보낸 씨앗은 새 봄을 맞고요, 새똥을 거름 삼아 파란 새싹을 틔울 거예요. 새싹은 무럭무럭 자라나 작은 잣나무가 되고요, 작은 잣나무는 쑥쑥 자라서 아름드리 잣나무가 되겠죠. 나무들은 자라서 아름다운 숲을 이룰 거예요.

"대단해! 너의 조그만 몸속에 거대한 숲이 숨어 있구나."

나도 몰래 '짝짝짝!' 박수를 치고 말았어요. 작은 씨앗을 응원하고 싶었거든요. 씨앗의 가슴엔 세상에서 가장 큰 꿈이 자라고 있는 게 아닐까요?

잣나무 열매
단단한 잣 열매를 톡 까 보면 안에 고소한 잣이 들어 있답니다.

❖ **광릉 수목원 입구**
위치: 경기도 포천
면적: 1,118ha
주요시설: 활엽수원, 침엽수원, 양치 식물원, 수생 식물원, 산림 박물관, 덩굴 식물원 등이 있음.

    수목원이란 여러 가지 식물들을 수집하여 가꾸어 놓은 곳으로, 많은 사람들이 자연을 즐길 수 있는 공간이에요. 아름다운 자연을 보며 휴식을 취하는 곳이니까, 일반 공원과 식물원의 장점을 모아 만든 곳이라고 할 수 있겠죠.

    우리나라의 첫 수목원은 1967년에 만들어진 관악 수목원이에요. 그 후 곳곳에 많은 수목원이 만들어졌는데, 광릉수목원은 그 가운데에서도 우리나라의 대표적인 수목원이랍니다.

    복잡한 도심에서 조금만 벗어나면 온통 나무로 가득한 숲 속 세상이 펼쳐지지요. 이곳에서 일하는 사람들은 수목원의 나무를 닮아 모두들 한결같은 마음으로 살아갈 것 같아요.

광릉수목원에 처음 온 사람이라면 수목원 입구에서부터 느껴지는 맑은 공기에 놀랄지도 몰라요. 도심에서 사는 사람들은 좀처럼 맡기 힘든 공기이니까요. 어쩜 오염된 공기에 익숙해진 나머지 낯설어할 수도 있어요.

나는 가슴을 한껏 펴고 '휴우~.' 수목원 공기를 한 모금 크게 들이켰어요. 마음속까지 시원한 기운이 느껴졌어요. 마음이 초록빛으로 물들 것 같아요.

언젠가 푸른 하늘을 바라보며 이런 생각을 한 적이 있어요.
'하늘빛을 향기로 표현한다면 어떤 향기일까?'
이제 그 답을 비로소 알 수 있을 것 같아요.
광릉수목원의 향기가 바로 파란 하늘을 닮아 있었으니까요.

먹이를 찾는 까막딱따구리
요 친구는 광릉수목원 숲 속에서 만난 까막딱따구리예요. 지금 까막딱따구리는 먹이를 찾고 있어요. 까막딱따구리는 나무 줄기에 수직으로 붙어서 나선형으로 올라가며 먹이를 찾아요. 날카로운 부리로 수피와 마른 나무 줄기에 구멍을 뚫고, 가시가 달린 가늘고 긴 혀를 구멍 속에 넣은 후, 혀끝으로 곤충의 유충 따위를 끌어내 먹는답니다.

겨울눈의 봄 이야기

숲 속만큼 신기한 곳이 있을까요? 깊은 숲 속에는 보물들이 바글바글해요. 숲 사이를 헤매다 보면 보물찾기 게임을 하는 것 같아요.

과연 찾아낸 보물이 뭘까, 궁금하죠? 내가 찾아낸 보물은 나무의 겨울눈이랍니다.

이른 봄, 따사로운 햇살이 숲을 물들이면 싱그러운 바람이 숲을 깨워요.

"일어나세요, 잠꾸러기들! 봄이 왔어요."

가장 먼저 겨울잠에서 깨어나는 건 나무랍니다. 나무는 졸린 눈을 쓱쓱 비비며 뿌리 빨대로 땅속의 물을 빨아들여요. 싱그러운 물이 온몸 가득 차오르면, 나뭇가지에서 잠자던 겨울눈들은 파란 새싹을 쏙 내민답니다. 새싹들은 잎이 되기도 하고, 줄기로 자라기도 하고, 꽃이 되어 활짝 피기도 해요.

앙상하던 나무는 잎과 줄기와 꽃으로 치장을 하고 화려하게 봄맞이를 하는 거예요.

겨울눈
새봄에 자라날 싹은 겨울눈으로 긴 겨울을 난답니다.

겨울눈에 대해 알아보려고 식물 사전을 보았어요.

뜻: 수목이나 다년생 초본이 여름부터 가을에 걸쳐, 겨울을 지내기 위해 만드는 눈
위치: 나무 줄기의 끝이나 곁에 붙어 있다.
종류: 봄에 싹이 터서 잎이나 줄기가 되는 잎눈과 꽃이 될 꽃눈, 그리고 잎과 꽃이 같이 나올 섞임눈이 있다.

도대체 무슨 말인지 알 수가 없죠? 사전은 정말 재미없어요. 그래서 나는 '나만의 사전'을 만들었어요.

고로쇠나무 눈

단풍나무 눈

노각나무 눈

물황철나무 눈

까치박달나무 눈

떡갈나무 눈

머루 눈

물오리나무 눈

두릅나무 눈

내가 만든 사전

- **겨울눈의 뜻**

나무들도 아기를 가져요. 여름과 가을 사이, 줄기 곳곳에 겨울눈을 만들거든요. 다음 해 봄에 태어날 예쁜 아기들이랍니다.

- **겨울눈의 겨울나기**

엄마나무는 겨울눈 아기들을 위해 여름과 가을 동안 열심히 영양분을 저축해요. 아기들과 함께 추운 겨울을 이겨내야 하니까요. 겨울이 되면 나무들은 잠을 자야해요. 하지만 엄마나무는 겨울눈 아기들이 걱정스러워요. 그 때문에 아기들에게 한 겹 두툼한 옷을 입혀요. 흰 눈이 내려, 나무 위로 서리꽃이 피어도 아기들이 얼지 않도록 비늘 껍질을 씌워 주지요. 또 비늘 껍질 안쪽엔 끈끈한 방수액도 발라 줘요. 어떤 어미나무는 솜털옷을 입혀 주기도 해요. 이 정도면 아기들은 어떤 추위에도 끄떡없어요. 아기들의 겨울 준비가 끝나면, 나무는 그제야 안심하며 겨울잠에 빠져들어요.

- **엄마나무와 겨울눈 아기의 봄 맞이하기**

봄 햇살에 깨어난 나무들은 아주 바빠요. 겨울눈 아기들을 깨워 봄맞이 준비를 해야 하니까요. 톡톡! 쏙쏙! 아기들이 싹을 틔우고 깨어나면 엄마나무는 자랑스럽게 봄을 맞이합니다.

숲 속에서 소곤소곤

부지런한 나무들

나무들은 한순간도 쉬질 않아요. 쑥쑥! 방실방실! 주렁주렁! 쿨쿨!
사계절 내내 열심히 움직이거든요.

봄이 되면, 나뭇가지에 새싹을 틔워요. 쑥쑥!

노린재 새싹

고광나무 새싹

봄과 여름 사이엔 꽃도 피워야 해요. 방실방실!

고추나무 꽃

산벚나무 꽃

여름과 가을 사이엔 실한 열매를 익혀야 하지요. 주렁주렁!

개비자 열매

매화나무 열매

그럼 겨울이 오면 나무들은 무얼 할까요?
콜콜! 쿨쿨! 열심히 일을 하느라 지친 나무들은 쉬고 싶어요.
그래서 깊은 겨울잠에 빠져들지요. 다음 해 봄을 위해 휴식을 취하는 거예요. 우리가 방학을 맞아 쉬는 것처럼.
겨울 숲에 가게 된다면, 유심히 귀를 기울여 보세요.
나무들의 코 고는 소리가 들릴 테니까요.

'숲'의 뜻은?
숲은 '수풀'의 준말이래요. 사전을 찾아보니,
'수풀: 나무가 무성하게 들어찬 곳, 풀이나 덩굴, 나무 따위가 한데 엉킨 곳'이라고 나와 있어요.
사전을 보고 나는 화가 났어요. 숲을 이렇게 표현하다니! '숲'이란 단어는 가장 짧은 단어이지만, 그 속엔 엄청난 의미가 담겨 있어요.(나는 그렇게 생각해요.) 숲은 생명의 시작이에요.
숲은 나무를 중심으로 이루어진 거대한 자연 나라예요.
숲은 자연의 생명체들이 만든 아름다운 보물이에요.
그래서 '숲'이란 단어는 가장 깊고 긴 단어입니다.

숲 속에서 소곤소곤

열매는 어디에서 왔을까?

나무는 정말 신기해요. 때론 제 모습과 전혀 다른 아기들을 만들어 내거든요.
나무들의 가족 사진을 한번 살펴볼까요?

거대하고 거친 나무에 조롱조롱 매달린 귀여운 열매들을 보세요.
엄마나무와 아기 열매들의 모습은 조금도 닮질 않았잖아요.
"꼼꼼히 살펴봐. 발가락이 닮았잖아."
엄마나무는 뾰로통한 표정으로 이렇게 말할지도 몰라요.

요렇게 생긴 자목련 열매 아기는

이렇게 생긴 자목련 엄마나무에서 왔어요.

지금은 열매 아기의 모습이 엄마나무의 모습과 전혀 달라 보이죠?
하지만 열매 속의 씨앗이 싹을 틔우고 자라면,
엄마나무 모습과 똑같아져요.

사과…

쥐똥나무와 쥐똥나무 열매

다래나무와 다래 열매

갯버들과 갯버들수꽃

괴불나무와 괴불나무 열매

생각하는 나무

 나무 사이를 걸어가면 이상한 소리가 들려요. 스스스, 사극사극, 쓰윽쓰윽. 나무가 자라는 소리입니다. 그런데 나무는 키만 자라는 게 아닌 것 같아요. 생각도 쑥쑥 자라나 봐요. 지금부터 내가 들려주는 이야기에 너무 놀라진 말아요.

나무들은요, '공간'을 이해해요.

 넓은 숲에서 자라는 나무들은 뚱뚱하고 키가 작아요. '내 땅은 넓으니까, 굵직하게 자라도 되겠어.' 하고 생각하는 거예요. 반면, 좁은 숲에서 여럿이 모여 사는 나무들은 날씬하고 키가 커요. '살을 빼고 위로 높이 자라야겠어.' 라고 생각하는 거지요. 함께 살아가는 방법을 알고 있는 것입니다.

나무들은요, '어떻게 해야 살아남는지' 잘 알고 있어요.

 나무들은 씨앗을 퍼뜨려서 자손을 번식시키는 방법을 잘 알아요. 그래서 일부러 새들의 먹이가 되지요. 씨앗은 새똥으로 나와 싹을 틔울 수 있다는 사실을 아는 거예요. 또 꽃가루나 씨앗을 바람에 실려 보내기도 해요. 바람과 함께 여행을 하면 멋진 짝을 만나거나, 멋진 땅에서 새싹을 틔울 수 있다는 사실을 알고 있으니까요.

나무들은요, '슬픔'도 알아요.

 오랜 세월 동안 곁에서 함께 살던 나무가 죽어 버리면, 나무는 슬퍼하다가 뒤따라 죽기도 해요. 나무는 '슬픔'이 무언지, '사랑과 그리움'이 무엇인지 알기 때문이지요. 이런 나무를 '혼인목'이라고 한대요.

나무들의 멋진 변신

나무들도 죽어요. 영원히 살 수 있는 건 이 세상에 없으니까요. 죽은 나무는 제 몸을 자연에 바쳐요. 썩어서 거름이 되거든요. 거름으로 비옥해진 땅은 새로운 나무들을 키우는 영양분이 되지요. 숲의 친구들은 죽으면 모두 자연으로 돌아가요. 동물들도, 식물들도, 작은 곤충과 하찮은 껍질조차 그렇게 해요. 자신이 태어난 곳으로 다시 돌아가는 것이 자연의 법칙이니까요.

하지만 나무 중에는 조금 특별한 일을 하는 것도 있어요. 제 몸을 예술가들에게 아낌없이 주기도 하거든요.

광릉 수목원엔 나무로 인형을 만드는 예술가가 있어요. 그 분은 숲 속에 떨어진 나뭇가지나 죽은 나무토막을 주워서 갖가지 인형들을 만들어요. 죽은 나무의 멋진 변신이지요.

너구리 가족과 물자라
죽은 나무를 썰고 다듬으면 멋진 예술품으로 변신해요. 옹기종기 모여 있는 너구리 가족도 만들 수 있고요, 납작한 등판에 알을 품고 다니는 어푸어푸 물자라도 만들 수 있답니다.

반달곰
너구리 같기도 하고, 판다 같기도 한 요것은 반달곰이랍니다.

가재
집게발을 짤깍 흔드는 요 녀석은 가재!

숲 속에서 소곤소곤

나무로 장수풍뎅이 만들기

'요걸로 무얼 만들까?' 버려진 나뭇가지를 주웠나요? 그럼 고민하지 말고, 장수풍뎅이 인형을 만들어 보세요. 방법은 아주 간단해요.(단, 나무 자르는 일은 반드시 부모님께 부탁 드려야 해요.)

01 나무를 잘라서 요렇게 준비하세요.

02 몸통을 만들고, 목공풀로 붙이세요.

03 머리를 몸통에 붙이고,

04 머리에 눈도 붙여요. 조심!조심!

05 앞다리와 뒷다리는 6개.

06 마지막으로 뿔을 만들어 붙이면 완성! 요건 수컷 장수풍뎅이예요. 암컷은 뿔이 없대요.

07 어때요? 제법 근사하죠?

장수풍뎅이는 어떤 곤충일까?

장수풍뎅이는 몸통이 30~90mm 정도 되는 곤충으로 참나무 수액을 특히 좋아한대요. 알로 태어나는데, 애벌레가 되었다가 번데기 과정을 거쳐 비로소 장수풍뎅이가 된답니다.

숲 속에서 소곤소곤

나무야 나무야

나무는 살고 있는 지역의 기온이나 강수량과 같은 환경 조건에 맞춰 제 몸을 적응시켜요. 침엽수는 바늘처럼 뾰족하고 날카로운 잎을 한 나무를 말하는데 건조하고 추운 지역에서 많이 살아요. 침엽수는 잎이 좁아서 광합성을 많이 할 수 없기 때문에 아주 천천히 긴 시간에 걸쳐 성장하지요. 제 몸을 배려한 최선의 선택을 한 것이랍니다.

섬잣나무

금측백나무

금반향나무

검은구상나무

놀라운 만남

여행을 하다 보면, 생각지도 못한 장소에서 친구를 만날 때가 있어요. 아주 놀라운 만남이지요. 수목원을 나오던 길, 내가 만난 놀라운 친구는 바위에서 자라는 잡초였어요. 잡초는 왜 바위에서 살게 되었을까요?

작은 씨앗 하나,
바람에 실려 여행을 하다가
큰 바위 위에 떨어지고 말았어요.
반질반질 바위에는
싹을 틔울 흙도, 싹을 키울 물도 없어요.
하지만 씨앗은 포기하지 않아요.
바위 틈 사이 갈라진 구멍으로 뿌리를 내리고,
구멍 사이에 낀 흙에서 싹을 틔우고,
가끔 내려 주는 비로 싹을 키워요.
바람이 살랑살랑 고향 소식 전해 주는 날이면
잡초는 하염없이 고향을 그리워합니다.

04 습지 생태 이야기

안산 갈대 습지 공원

하얀 친구

고요한 연못 속에서 하얗게 웃는 친구를 만났어요.

뽀얀 얼굴에 살짝 얼굴을 붉힌 수련 꽃이에요.

수련 꽃은 마치 소녀 같아요. 낯선 사람에겐 말 한 마디조차 잘 하지 못하는 수줍은 소녀. 그 때문일까요? 수련을 보자마자 내 가슴이 두근거렸어요.

하지만 용기를 내어 수련에게 말을 건넸지요.

"수련 꽃아, 안녕! 넌 정말 아름다워."

수련 꽃은 고운 얼굴을 더욱 붉혔답니다. '아이, 부끄러.' 하는 듯이 말이에요.

수련 꽃은 청초한 분위기 때문에 유난히 많은 사람들로부터 사랑받는 꽃이에요. 프랑스의 유명한 화가 모네도 수련을 좋아했다고 해요. 모네는 많은 수련 꽃 그림을 남겼는데, 수련 꽃을 그리기 위해 자신의 정원에 연못까지 만들 정도였대요.

탁한 연못에서도 하얀 빛깔을 간직하고 자라는 수련 꽃을 보면 어쩐지 마음이 맑아져요.

이것이 모네의 수련 그림입니다.
모네는 평생 동안 많은
수련 그림을 남겼습니다.

습지란 '물을 담고 있는 땅'이란 뜻이에요. 하천, 호수, 늪이나 수심이 깊지 않은 바닷가 갯벌 따위를 통틀어서 이르는 말이랍니다. 안산 갈대 습지 공원을 들어서면 엄청난 규모의 갈대 숲 때문에 놀라게 돼요. 끝없이 늘어선 갈대 친구들이 바람을 타고 술렁술렁 춤을 추거든요.

쏴아아 쏴아아아……. 갈대 소리 따라 나도 갈대가 되어 봤어요. 두 팔을 몸통에 바짝 붙이고, 몸은 길게 한 후, 온 몸에 힘을 쭉 빼면 나도 갈대가 돼요. 바람이 살랑 지나가면, 바람이 가는 곳을 따라 몸을 맡기지요. 바람이 왼쪽으로 가면 왼쪽으로 구부러지고, 바람이 오른쪽으로 가면 오른쪽으로 구부러지고…….

"바람아, 바람아, 나는 네가 좋아. 네가 가는 대로 따라 갈 거야."

바람을 향해 속삭이기도 했어요.

뜻밖의 내 고백에 놀랐나 봐요. 바람은 화드득 당황하며 저 멀리 산을 넘어가 버렸답니다.

바람이 떠나 버린 갈대숲은 고요했어요. 갈대 놀이도 심드렁해진 나는 습지 공원 안으로 발걸음을 옮겼지요. 어떤 친구들을 만나게 될까, 가슴을 두근거리면서요.

❖ **안산 갈대 습지 공원**
2002년 5월, 수질 개선과 교육 공간 및 휴식처 제공을 위해 만들어진 생태 공원.
위치: 경기도 안산시 상록구 사동
주요시설: 인공섬, 어류 서식 지대, 갈대 식물 조성 지역의 세 곳으로 나뉘어져 있고, 그밖에도 환경 생태관, 생태 연못, 야생화 꽃길, 관찰로 등이 있음.

갈대에 대한 특별한 생각

잠깐! 갈대 이야기를 조금 더 해야 할 것 같아요. 갈대는 보기보다 참 쓸모가 많은 풀이에요. 갈대의 이삭으론 빗자루를 만들 수 있어요. 이삭의 털은 솜 대용으로 사용할 수도 있고요. 다 자란 줄기는 갈대발이나 삿갓, 삿자리를 엮는 데 사용할 수 있어요. 또 펄프 원료로 사용하거나, 약재로 사용하기도 하지요.

바람에 흔들리는 갈대를 약한 풀이라고 생각하는 사람들도 있어요. 하지만 나는 다르게 생각해요. 바람 앞에 올곧게 버티고 선 나무가 있다고 생각해 봐요. 나무는 구부러지지 않으려고 몸을 곧추세우며 바람과 맞설 거예요. 그러다 바람을 이겨 낼 수 없게 된 나무는 '뚝!' 부러지고 말겠죠.

갈대는 오히려 바람을 이용해요. 바람을 이용해서 몸을 이리저리 구부려 보기도 하고 살랑살랑 춤도 추지요. 아무리 거센 바람이 불어와도 절대 부러지지 않는 거예요. 어쩌면 갈대는 우리가 생각하는 것보다 훨씬 영리한 친구인지도 모른답니다.

갈대
갈대라는 이름은 대나무와 유사한 풀이라는 데서 유래했다고 해요. 자생력이 강해서 우리나라 곳곳에서 찾아볼 수 있답니다.

습지에서 소곤소곤

갈대 피리 만들기

돌돌 말아서 후후 불면 필리리 소리가 나는 갈대 피리.
어디 한번 갈대를 따다 직접 갈대 피리를 만들어 볼까요?

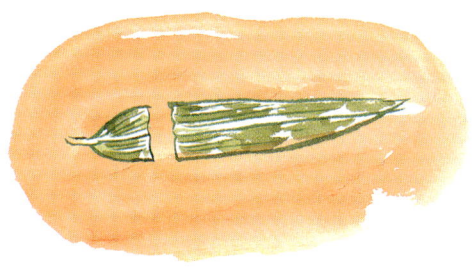

01 잎의 한쪽 끝을 잘라 내요.
(가지에 붙었던 쪽 잎)

02 잎을 비스듬하게 돌돌 말아요.

03 다른 잎으로 먼저 말아 놓은 잎에 겹쳐 다시 말아요.

04 여러 개의 잎을 말면 더 굵고 튼튼한 피리가 되지요. 필릴리~, 근사한 소리가 나죠?

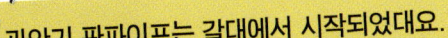

관악기 판파이프는 갈대에서 시작되었대요.

그리스 신화의 목신 판은 아름다운 요정 시링크스에게 첫눈에 반해 버려요. 하지만 시링크스는 판이 싫었지요. 계속 쫓아오는 판을 피해 도망치던 시링크스는 강의 신에게 자신의 모습을 바꾸어 달라고 간청해요. 결국 강의 신은 시링크스를 갈대로 만들어 버리지요. 하지만 판은 갈대가 바람과 어울려 내는 그 소리조차 좋아하고 말아요. 그래서 갈대로 피리를 만들어 불었다나요. 판이 만든 갈대피리에서 유래된 것이 바로 판파이프래요.

이런 땅엔 요런 식물들이

땅에도 쿠션이 있다는 걸 아세요? 숲과 강가, 습지 등을 다녀 보면 땅을 디디는 느낌이 각각 다르거든요. 습지의 느낌은 정말 특별해요. 물렁물렁, 푹신푹신, 바람이 덜 들어간 튜브의 느낌과 비슷하지요. 물 풍선의 감촉과도 같아요.

하지만 습지에 함부로 발을 디디면 큰일 나요. 물기 많은 땅으로 몸이 쑥 빨려 들어갈 수 있거든요. 특히 늪지대에 발을 들여놓았다가는 큰 봉변을 당하게 되니까 조심해야 해요. 습지는 사람이 살기에는 위험한 땅이니까요.

그 때문에 안산 갈대 습지 공원 안엔 사람이 다니는 길이 따로 있어요. 그 길을 따라 쭉 걸으면 안전하게 습지를 구경할 수 있어요.

습지의 식물들을 만나기 전, 나는 이런 걱정을 했어요.

"습지엔 어떤 식물들이 살까? 물기 많은 땅에 뿌리를 내리려다가 땅속으로 빨려 들어가는 것은 아닐까?"

하지만 곧 내가 얼마나 바보 같은 걱정을 했는지 깨달았어요. 그런 일은 절대로 일어나지 않거든요. 영리한 식물들은 오히려 물기 많은 땅을 이용해 풍부한 양분을 듬뿍 흡수하며 멋지게 자라납니다.

다시 말하지만, 식물이나 동물들은 우리가 생각하는 것보다 훨씬 똑똑하고 현명해요.

물달개비
물달개비는 9월에 보라색 꽃을 피우는데 물달개비의 이파리를 잘 보면 하트 모양이에요. 그래서인지 참 사랑스러운 꽃이랍니다.

솔잎사초
봄이면 다갈색 꽃을 피우는 솔잎사초는 쭉쭉 뻗은 기다란 잎을 가지고 있어요.

생이가래
자잘한 이파리가 빈틈없이 동동 떠서 자라요. 이파리들을 보고 땅인 줄 알고 발을 딛었다간 늪 속으로 빠지고 말걸요.

습지에서 멋지게 자라는 습지 식물들을 살펴볼까요?
습지에 사는 식물들은 수생 식물이라고 불러요.
수생 식물들이 사는 곳은 물의 깊이와 관련이 있는데
갈대는 얕은 물가에서만 자라요.
반면, 물가에서 좀 더 들어간 곳에는 연꽃같이 기다란
줄기를 가진 식물들이 살고 있지요.
혹시 갈대는 수영을 잘 못하는 게 아닐까요?

갈풀(벼과)
갈풀은 무리를 지어 번식해요.
혼자보다 함께를 좋아하기
때문이랍니다.

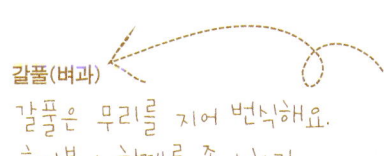

춤추는 잠자리

새나 곤충들은 습지를 좋아한대요. 그래서 풀숲엔 특이한 곤충들이 우글거리고, 강가에선 멋진 새를 만날 기회도 많다고 해요.

상상해 보세요. 멋진 도요새나 할미새를 만난다면 얼마나 근사할까요? 숲이나 수목원에서는 만날 수 없는 특별한 곤충 친구와 딱 마주친다면 얼마나 반가울까요?

하지만 아쉽게도 그런 특별한 일은 벌어지지 않았어요. (정말 아쉬워요!) 마침 습지나라 곤충과 새들이 한꺼번에 나들이라도 간 걸까요? 때마침 잠자리 한 마리가 내 머리 위로 졸졸 따라왔지요.

"잠자리야, 너는 나들이에 못 따라갔니?"

홀로 남은 잠자리도 외로웠던지 줄곧 내 뒤를 따랐습니다.

바람이 불자 잠자리는 우쭐우쭐 춤을 추기도 했어요. 나를 만난 것이 무척 반가웠나 봐요.

습지 공원엔 할미새, 도요새, 까마귀, 제비, 송장 개구리, 두꺼비, 길앞잡이, 물노린재, 나방, 딱정벌레 등이 살고 있대요. 잠자리 친구가 살짝 알려 줬어요.

고추잠자리
고추잠자리는 고추처럼 붉은색이에요. 수컷 고추잠자리는 가을이 깊어갈수록 배가 점점 붉게 물든답니다.

식물에도 튜브가?

  연못에 두둥 떠 있는 꽃을 보면 참 신기해요. 꼭 수영하는 모습처럼 보이거든요. 어쩜 식물들은 수영 시합을 벌이는 건 아닐까요?
  둥둥 연못 위에 떠 있는 식물들은 튜브를 이용하기도 해요. 잎 옆에 볼록한 것이 보이죠? 요건 '부레'라는 공기주머니예요. 풍선과도 같은 요것이 바로 식물의 튜브인 셈이지요.
  물에 사는 물살이 식물들은 줄기와 뿌리에 뚫린 구멍 안에 공기가 가득하기 때문에 요렇게 물에 뜰 수 있는 거예요.

부레옥잠

연꽃잎

*부레옥잠의 부레 안에는 공기가 들어 있어서 식물이 물 위에 둥둥 뜰 수 있대요.

보이지 않는 먹이사슬

연못이나 호수엔 참 많은 생물들이 살아요. 그곳에 유난히 생물이 많이 사는 이유가 궁금하지 않나요?

연못이나 호수는 하천과 달리 물이 흐르지 않아요. 고인 물이니까요. 때문에 물의 양이 늘 비슷하고 물의 온도도 기온에 따라 빨리 오르게 되지요.

이런 환경 속에선 녹색 조류나 식물 플랑크톤, 동물 플랑크톤이 잘 자라게 되고, 그것을 먹고 사는 물고기나 곤충이 잘 서식하게 되는 거예요.

좁은 공간 속에 거대한 먹이사슬의 세계가 펼쳐지고 있는 거지요. 우리가 알지 못하는 사이 생태계는 늘 놀라운 먹고 먹히는 먹이사슬의 세상이 펼쳐지고 있다는 사실이 참 신기해요!

수달
물고기
플랑크톤
녹색 조류
물속 곤충

습지에서 소곤소곤

물에 사는 식물들의 뿌리 내리기

연못 주위엔 참 많은 친구들이 모여 살아요. 동글동글 생이가래, 방망이 같은 부들과 예쁜 보라수련까지. 연못 친구들과 인사를 나누다 보니 문득 이런 궁금증이 생겼어요. '물속 식물 친구들은 어떻게 뿌리를 내리고 사는 걸까?'

물가의 흙에 뿌리를 내리고 사는 식물은 '추수식물'이라고 해요. 뿌리는 땅 속에 내리고 있지만 줄기와 잎의 일부분은 물 위에 떠 있는데 부들과 갈대가 이런 식물입니다.

벼를 닮은 **갈대**는 줄기의 속이 비어 있어서 물에 뜨기 때문에 물가에 살기 적합하지요.

가는 몸을 자랑하는 **부들**은 초여름부터 꽃이 피는데 높이가 1m가 넘는답니다.

물속으로 조금 들어가면 물 밑바닥에 뿌리를 내리지만 잎은 물 위에 둥둥 떠 있는 '부엽식물'을 만날 수 있어요. 연꽃, 수련, 가래 등이 부엽식물이지요.

생이가래는 줄기 마디마다 잎이 세 개씩 있어요.

보라수련은 보라색 꽃봉오리를 오므리고 있다가 초여름이 되면 활짝 노란 얼굴을 드러내어요.

84

부레옥잠, 개구리밥, 자라풀, 물달개비 등의 '부유식물'은 물 밑바닥에 뿌리를 내리지 않고 수면 아래로 수염 뿌리를 내리고 있어요. 그 때문에 영양분이 많은 연못이나 논에서 자란답니다.

자라풀은 8~9월이면 꽃이 피지요. 그런데 자라는 왜 이름이 자라풀일까요? 자라를 닮아서일까요?

연못에서 흔히 볼 수 있는 **개구리밥**은 여름이면 연녹색의 잔꽃을 피운답니다.

물달개비는 9월에 꽃이 피었던 자리에 열매가 열린답니다.

잎까지 물속에 잠긴 식물은 '침수식물'이에요. 침수식물은 물 밑바닥에 뿌리를 내리고 사는데 잎이 가늘고 길어서 물에 뜨기 쉽고 물살에 따라 유연하게 움직인답니다. 침수식물에는 검정말, 나사말, 물수세미 등이 있지요.

나사말은 열대어의 수초로 흔히 볼 수 있는데 8~9월에 꽃을 피운답니다.

물속에 사는 **검정말**은 8~9월이면 꽃도 피우고 송곳 모양의 열매도 피운답니다.

물속에서도 사이좋게 크는 수중 식물들

물에서 크는 수중 식물들은 저마다의 특징에 따라 알맞은 생장 환경을 찾아서 자라나요. 물가에는 측수식물이 살고, 물이 깊어질수록 부엽식물, 부유식물, 침수식물이 사이좋게 살고 있답니다.

05 갯벌 생태 이야기

몽산포 갯벌

조개 길을 뒤집어 보니 어머나! 물음표 모양이에요.

갯벌 위의 지도

'조개 길'을 아세요?

조개가 만들어 놓은 길이에요.

내가 몽산포 갯벌에 발을 디디자마자 마주친 것은 갯벌 위로 고불고불 생긴 조개 길이었어요. 조그만 조개 하나가 남몰래 지나가며 만들어 놓은 길이었지요.

조개 길을 따라가면 어디로 가게 될까요? 조개 나라에라도 갈 수 있는 걸까요?

나는 살금살금 고불 길을 따라갔지만 조개 나라엔 갈 수 없었어요. 조개도 놓치고 말았고요. 대신 아주 재미있는 것들을 발견했답니다.

갯벌 위의 지도!

갯벌에는 재미있는 길이 아주 많아요. 집게발 게들이 지나간 '게의 길'도 있고, 구불구불 갯지렁이가 만들어 놓은 '지렁이 길'도 있어요. 마치 지도를 그려 놓은 듯해요.

"이 길을 따라가면 게들의 나라로, 저 길을 따라가면 갯지렁이 나라로 갈 수 있어요."

갯벌의 길들은 이렇게 말하는 듯하거든요. 길은 각자 개성대로 만들어지다가 때론 서로 만나기도 해요.

"갯지렁아, 안녕!"

"게들아, 안녕!"

즐겁게 인사라도 나누며 지나간 듯, 여러 길이 교차되기도 하거든요. 그런데 조개도 길을 잃을 때가 있나 봐요.

잘 보세요. 조개 길을 뒤집어 보면 물음표예요. 어디로 가야할지 갈팡질팡한 조개의 속마음이 드러난 걸까요?

운 좋게도 갯벌의 바위 틈에서 탈피하고 있는 갯강구 녀석을 만났어요.

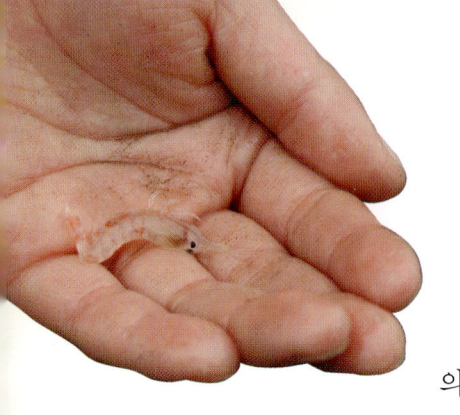

밀물과 썰물에 의해 바다가 되었다가 육지가 되기도 하는 바닷가의 땅! 그것을 갯벌이라고 해요. 갯벌은 바닥의 종류에 따라 그 종류가 다양해요. 진흙벌도 있고, 모래 갯벌도 있고, 자갈과 돌로 이루어진 갯벌도 있어요.

몽산포 갯벌 안으로 들어가면 부드러운 모래를 만나게 돼요. 그 때문에 갯벌로 들어갈 땐 신을 벗고 맨발로 사붓사붓 걷는 것이 좋아요. 발바닥 사이로 사각거리는 모래의 느낌이 아주 재미있거든요. 발가락 사이로 볼록볼록 빠져나오는 부드러운 모래의 감촉도 특별하죠.

내가 갯벌에 도착했을 땐 마침 주말을 맞아 많은 사람들로 북적이고 있었어요. 모래를 몸에 묻히며 장난치는 아이들, 호미로 조개를 파내는 어른들, 여러 사람들이 어울려 내는 즐거운 비명 소리로 갯벌 전체가 술렁거렸어요.

"와! 백합 조개다!"

"와우! 고둥이야!"

여기저기 소란한 함성들 속에서 유난히 귀에 쏙 들어오는 소리!

"새우다!"

길 잃은 새우 한 마리가 아저씨의 손에 잡혔지 뭐예요. 우르르 아이들이 몰려들었어요.

"어린 새우가 겁을 먹었구나. 바들바들 떠네. 다시 바다에 놓아주자."

아저씨는 바다 쪽으로 걸어가셨어요. 아이들도 덩달아 몰려갔지요. 나는 바다로 가는 새우를 향해 소리쳤어요.

"새우야, 아기 새우야! 큰 바다에서 멋지게 자라야 해."

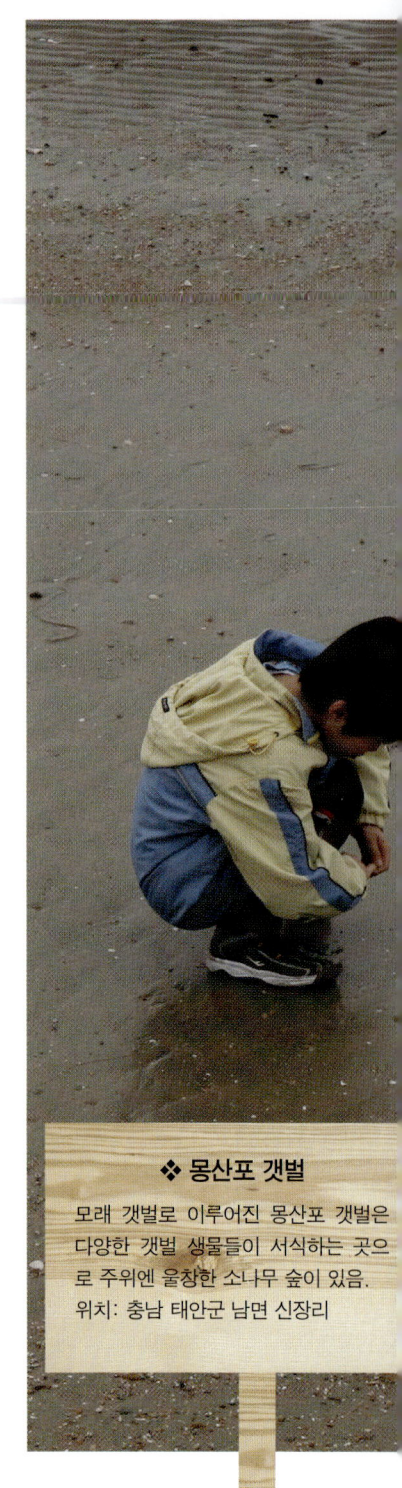

❖ **몽산포 갯벌**

모래 갯벌로 이루어진 몽산포 갯벌은 다양한 갯벌 생물들이 서식하는 곳으로 주위엔 울창한 소나무 숲이 있음.
위치: 충남 태안군 남면 신장리

갯벌에서 바다 속 구경을?

'바다 속은 얼마나 아름다울까?'

가끔 난 바다 속을 상상해요. 푸른 바다 속엔 사람의 키를 훌쩍 넘어서는 거대한 수초 숲이 너불거릴 거예요. 그 사이로 갖가지 물고기들이 오가며 제 미모를 뽐내겠지요. 고운 모래 바닥엔 조개들이 모여 큰 입을 쩍쩍 벌리며 합창을 할지도 몰라요.

상상만으로도 즐거운 바다 속 세상!

혹시 이런 상상을 즐기는 친구라면 당장 갯벌로 달려오세요. 일부분에 지나지 않지만, 갯벌은 우리에게 바다 속 모습을 보여 주고 있거든요. 밀물에 잠길 때, 갯벌은 바다가 되니까요.

저기 다시마가 보이죠?

미역도 보이고, 파래도 보이잖아요.

바다 속에서 너울대는 수초들이에요. 너불너불 물결 따라 춤을 추는 바다 속의 무용수들이지요.

파래가 마구 엉켜 있어서 밧줄 같아요.

다시마
뿌리가 잘린 다시마가 갯벌로 떠내려 왔네요.

미역
깊은 바다에서 미역도 흘러들어왔고요.

망둥어
하마터면 갯벌이랑 똑같은 진흙 색깔을 하고 있어서 지나칠 뻔했어요.

죽은 장어
에고, 불쌍한 이것은 바다 장어의 시체랍니다.

갯지렁이
갯지렁이는 꼬물꼬물 머리를 모래 속에 처박고 있었지요.

작은 웅덩이 속에는 모래 속에 몸을 숨긴 망둥어도 보여요.
두 눈이 볼록볼록 튀어나온 귀여운 친구 망둥어는 펄쩍펄쩍 갯벌 위를 뛰어다닐 수도 있어요.
그때였어요. 세상에! 죽어 버린 바다장어가 눈에 들어왔어요. 바다를 그리워하다가 죽었나 봐요. 바다 속에서 장어는 기다란 몸을 슬렁슬렁, 파도 따라 멋진 춤을 추었을 텐데 말이에요.
하지만 슬픔도 잠시 꿈틀꿈틀 갯지렁이를 발견하고 깜짝 놀랐어요. 바다에도 지렁이가 산다는 걸 처음 알았거든요. 신기하죠?

물고기가 되어 보자

갯벌에선 물고기가 될 수 있어요. 두 팔을 활짝 펼치면 지느러미가 돼요.
두 다리를 꼬리라고 상상하세요.
갯벌은 바다 속!
지느러미를 너불거리며 꼬리를 힘껏 흔들어
헤엄을 쳐 봐요.
수초 사이를 <u>흐르고</u>, 바다장어를 따라 바다 여행을 해요.
나는 한 마리 멋진 물고기예요.

조개 한 바구니

재미있는 아주머니 한 분을 만났어요. 조개잡이 아주머니입니다. 처음 아주머니와 마주쳤을 때 난 무척 당황했어요. 아주머니의 복장이 낯설었거든요. 장화와 고무장갑, 거기에 이상한 모자까지. 어느 별에서 날아온 우주인 같잖아요.

조개잡이 아주머니
차가운 바닷바람과 태양볕을 피하기 위해 이런 복장이 필요한 거랍니다.

하지만 곧 그 이유를 알았어요. 조개를 캐서 살아가는 아주머니는 매일 갯벌에 나와야 하기 때문에 특별한 복장이 필요했던 거예요. 뜨거운 태양과 짠 바닷물로부터 피부를 보호해야 하니까요.

"조개 캐는 데는 내가 선수지."

아주머니는 작은 호미 하나만으로 갖가지 조개들을 캐내기 시작했어요. 30분이 지나지 않아 아주머니의 바구니엔 조개가 그득 채워졌지요.

"여기선 반찬거리 걱정할 필요가 없어. 삼십 분만 수고를 하면 조개가 한 바구닌걸. 그래서 갯벌은 우리들의 생활 터전이고 보물 창고인 셈이지."

아주머니는 뿌듯한 표정으로 갯벌을 바라보았어요.

조개들도 아주머니와 이야기를 나누고 싶었나 봐요. 바구니에 귀를 기울여 보니, 수군수군 쑥덕쑥덕 조개들의 수다 소리가 들리는 듯하지 뭐예요?

한 바구니 가득 조개들이!
대맛조개랑 동죽이 금세 아주머니의 바구니에 가득 담겼어요.

내가 캔 조개는 요만큼!
두 손 가득 대맛조개와 상합, 명주조개가 한가득이에요.
사실은 아주머니가 조금 도와주셨지만 이만하면 훌륭하죠?

93

동죽
겉은 잿빛 백색을 띤 누런 갈색이지만 속은 눈부신 흰색이랍니다.

상합
상합은 서해안 모래 갯벌에서 자주 볼 수 있어요.

재첩
길이가 2cm 정도인 작은 조개예요. 겉은 갈색이지만 속은 붉은 보라빛이랍니다.

돌조개
동글납작한 요 조개는 돌조개랍니다.

대맛조개
요 기다란 대맛조개는 갯벌에 물이 차면 올라와 물속의 유기물을 먹어요.

그럼 아주머니와 내가 캐낸 조개 친구들을 소개할게요.
조개들은 수다쟁이! 쉼 없이 수다 잔치를 벌일 거예요.
잘 봐요. 모두들 입이 크잖아요.
입이 크니까 노래도 잘 부르겠죠?
조개야, 조개야, 입 좀 벌려 봐. 큰 입으로 노래라도 불러 주렴.
대맛조개는 특별한 소리를 낼지도 몰라요. 길쭉길쭉 생김새부터 요상하잖아요. 대나무 같기도 하고, 하모니카 같기도 한 것이 입술에 대고 불면 필리리~ 피리 소리를 낼지도 몰라요.
재첩은 그 맛이 끝내 줘요. 재첩국은 예부터 최고의 음식으로 꼽히죠. 재첩의 국물 맛을 어느 작가는 이렇게 표현했어요.
'가장 낮은 곳에서 사는 가장 작은 조개 속에 가장 깊은 맛이 들어있다.'
참 기막힌 표현이죠?

죽합
죽합은 가로로 길고 납작하답니다.

골뱅이
골뱅이는 몸이 타래처럼 꼬인 껍데기 속에 들어 있어요.

골뱅이 껍질 속은 뱅글뱅글! 그래서 골뱅이인가?

고둥
연체 동물인 고둥은 등 뒤에 뒤틀린 껍데기를 달고 살아요.

껍질이 작은 걸까, 조개가 뚱뚱한 걸까? 죽합은 다이어트가 필요해

고둥 속엔 바다가 있어요.
큰 고둥을 귀에 대면 '쏴아아아~ 웅웅~'
바다 소리가 나거든요.
그럼 작은 고둥에선 어떤 소리가 날까요?
 작은 고둥은 먼 바다 이야기를 조곤조곤 들려 줄 것 같아요. 저기 저 바다 끝에는 조그만 성이 있다고……, 그 성 안에는 우리가 무심히 지나쳤던 크고 작은 바다 생물들이 한데 어울려 행복하게 살고 있다고……. 고둥이 들려 주는 바다 이야기를 들으면 내 꿈도 저 바다처럼 푸르게 푸르게 자라날 것만 같아요.

대맛조개 잡는 법

갯벌엔 수억만 개의 구멍이 있어요. 이리 봐도 구멍, 저리 봐도 구멍. 마치 수백 명의 할아버지들이 지팡이로 갯벌을 콕콕 찍으며 걸어간 것 같아요.

'도대체 무슨 구멍일까? 갯벌의 콧구멍도 아닐 텐데.'
나는 구멍의 정체를 알아보기로 했어요.
미리 준비한 호미로 구멍을 하나 파 보았지요.
"앗! 바지락조개다!"

절로 환호성이 나왔어요. 동글동글한 바지락조개가 숨어 있었거든요. 그제야 난 깨달았어요. 수많은 구멍 속에는 갯벌 친구들이 숨어 있다는 것을.

옆 걸음질 선수인 게는 구멍에서 쏙 나오고, 갯지렁이는 구멍 속에서 스윽 나와요. 망둥이조차 갯벌에 구멍을 뚫지요. 이렇듯 갯벌 친구들이 너도나도 구멍을 뚫다 보니 갯벌은 온통 구멍 천지가 되고 말았어요.

하지만 구멍을 가장 많이 만든 친구들은 역시 조개랍니다. 조개들은 제 몸을 갯벌 속에 숨기고 구멍을 통해 살짝살짝 바깥 세상을 살피거든요. 특히 대맛조개는 숨바꼭질 선수예요. 좀처럼 모습을 드러내지 않거든요. 대맛조개를 만나려면 조금 특별한 방법을 써야 해요. 그 비법을 알려 줄게요.

모래를 5cm 정도 걷어 내면 대맛조개 구멍이 보일 거예요. 대맛조개를 잡으려면 이 구멍을 잘 이용해야 해요.

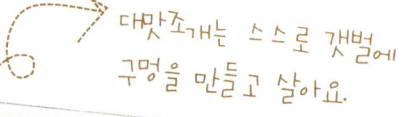

대맛조개는 스스로 갯벌에 구멍을 만들고 살아요.

1 구멍을 찾았다면, 구멍으로 소금을 조금만 뿌리세요.

2 대맛조개가 고개를 쏙 내밀어요. 하지만 바로 조개를 잡으면 안 돼요. 고개를 내밀 때 잡으면 대맛조개는 스스로 몸을 끊고 갯벌 속으로 들어가 버리니까요.

3 숨을 죽이고 조금 더 기다리면 대맛조개가 몸을 좀 더 내밀어요. 그때 손으로 잡고 쑤욱 뽑으세요. "대맛조개야, 안녕!" 하면서요.

4 대맛조개의 몸은 이렇게나 길쭉하답니다.

아, 참! 대맛조개를 잡을 때 우리가 꼭 지켜야 할 것이 있어요.

소금은 반드시 천연 소금을 사용하세요. 슈퍼에서 파는 화학 맛소금은 절대 사용 금지! 화학 소금은 대맛조개의 번식을 막고, 갯벌도 상하게 만든대요.

또 한 가지! 어린 조개는 절대 잡지 않아야 해요. 아무거나 막무가내로 잡아 버리면 갯벌 생태는 파괴되고 말 테니까요.

갯벌에서 소곤소곤

얼렁뚱땅 요리 시간

갯벌에선 금방 부자가 돼요. 바구니 한가득 찬 조개를 보면 마음까지 그득해지니까요. 이젠 배 속이 그득해질 차례예요. 조개와 수초들을 꺼내 요리를 해요. 간편하게 만드는 아주 쉬운 요리! 얼렁뚱땅 요리랍니다.

01 일단 앞치마를 척 걸치세요. 물론 손도 깨끗이!

02 준비물을 점검해야죠. 골뱅이, 대파, 오이를 준비하세요. 가장 중요한 건 초고추장이에요. 고추장에 식초, 설탕, 찧은 마늘, 참기름을 적당히 넣어 만드세요. 그럼 준비물은 끝!

03 골뱅이는 삶은 후, 돌돌돌 껍질을 돌려 가며 꺼내세요. 잘 꺼낸 골뱅이 살은 얇게 저미듯 썰고요, 오이와 대파는 어슷하게 썰어요. (삶을 때랑 칼질할 때는 엄마의 도움을 받아요!)

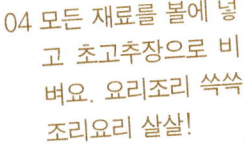

04 모든 재료를 볼에 넣고 초고추장으로 비벼요. 요리조리 쓱쓱 조리요리 살살!

골뱅이 무침!!

다 된 요리는 접시에 담고 깨소금만 솔솔 뿌려 주면 매콤새콤달콤 기막힌 맛, 환상의 골뱅이 무침입니다.

01 미역은 잘 씻은 후, 적당히 가위로 잘라요.

02 냄비에 참기름이나 들기름을 조금 붓고, 미역을 넣어 국간장에 달달달 볶아요. (볶을 땐 엄마의 도움을 받아요!)

03 5분쯤 볶다가 냄비에 물을 붓고 팍팍 끓여요. 뜨거운 물에 대지 않게 조심조심!

04 물이 끓고 나면, 불을 낮추어(중불에서) 오래도록 쭈욱 끓이세요. 깊은 바다 맛이 우러나도록!

미역국!!
이 정도면 멋진 상차림이 되겠죠? 양껏 식사를 한 후, 불룩해진 배를 쓰다듬어 보아요. 쏴아아, 바다 소리가 날지도 몰라요.

얼렁뚱땅 요리 포인트

요리의 포인트는 창의력! 그리고 자연의 맛 그대로 살리기! 천연재료를 사용해 자연의 맛을 그대로 살려 보세요. 자연재료로 마음껏 상상하며 새로운 요리를 만드는 것, 그것이 바로 얼렁뚱땅 요리의 포인트입니다!

뚱보 갈매기와 저녁노을

 갯벌은 사람만 살찌우는 게 아니에요. 갯벌 친구들은 모두 풍부한 먹잇감을 통해 토실토실 자라거든요. 특히 갯벌 갈매기들은 뚱보가 되어 버렸어요.
 "갈매기들아, 너희들은 에스 라인도 모르니? 몸매 관리 좀 해라."
 내가 소리치자, 갈매기들도 '끼룩끼룩' 소리를 질렀어요.
 "갯벌 갈매기들은 뚱뚱할수록 미인 소리를 듣는단다. 그러니 실컷 먹고 살찌우는 게 몸매 관리 비법이야."
 하는 듯이 말이에요.
 난 갈매기들이 모여 있는 해변을 향해 다다다 줄달음질을 쳤지요. 갑작스런 내 줄달음질에 놀란 갈매기들은 푸드득 한꺼번에 날아올랐어요. 갈매기들이 날아오른 하늘을 바라보던 나는 순간 넋을 잃고 말았어요. 저 멀리 수평선으로 저녁노을이 물들고 있었거든요. 발그레 얼굴을 붉히던 노을은 어느새 빨간 석류 속처럼 자글자글 타올랐어요. 세상 어떤 빛깔이 노을빛보다 아름다울까요?
 세상에서 가장 아름다운 빛깔을 등진 채 나는 천천히 갯벌을 걸어 나왔습니다.

갯벌에서 소곤소곤

소금은 어디에서 왔을까?

우리가 매일 먹는 소금이 바다에서 왔다는 사실 알고 있나요?
바다에서 소금이 만들어지는 과정을 살펴볼까요?

01 저수지에 바닷물을 가두어요.

02 바닷물을 햇볕에 증발시켜요.

04 이렇게 만든 소금을 쓸어 모으면

03 바닷물이 마르면 점점 소금 결정이 모습을 드러냅니다.

05 짜잔! 이렇게 하얀 소금이 소복소복 쌓인답니다.

갯벌에서 소곤소곤

조개 목걸이 만들기

갯벌엔 조개껍질이 아주 많아요. 잔뜩 주운 조개껍질로 무얼 하고 놀까요?
아하! 조개 목걸이를 만들어 보면 재미있겠어요.

준비물 조개껍질(많을수록 좋아요.), 송곳과 망치, 그리고 실, 도톰한 수건 한 장.

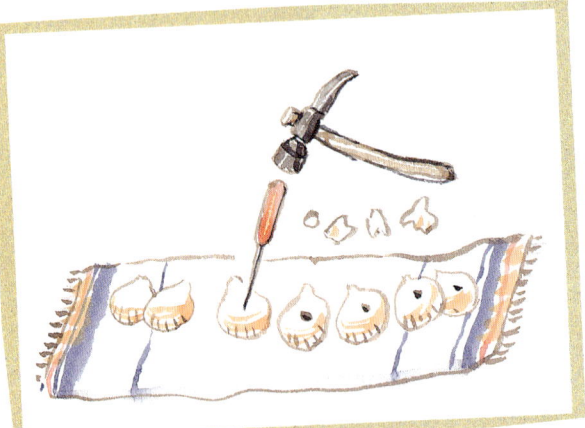

조개 목걸이는 만드는 방법도 참 쉬워요. 조개껍질을 잘 닦은 후, 작은 송곳과 망치를 준비해요. 도톰한 수건 위에 조개껍질을 살포시 올려 놓고 송곳과 망치로 구멍을 만들어요. 이때 주의할 점! 세게 망치질을 하면 안 돼요. 살살 조심조심 구멍을 뚫어야 해요. 그러지 않으면 조개가 깨져 버리니까요.

조개껍질에 구멍 내기가 끝났다면 미리 준비해 둔 실로 조개를 꿰기만 하면 끝!

멋진 조개껍질 목걸이가 완성됐어요.

마른 조개껍질은 그냥 보는 것만으로도 즐거워요. 조금 더 재미있게 놀고 싶다면, 조개껍질마다 표정을 만들어 볼까요?

준비물 조개껍질(가능한 큰 조개로), 색색깔 매직.

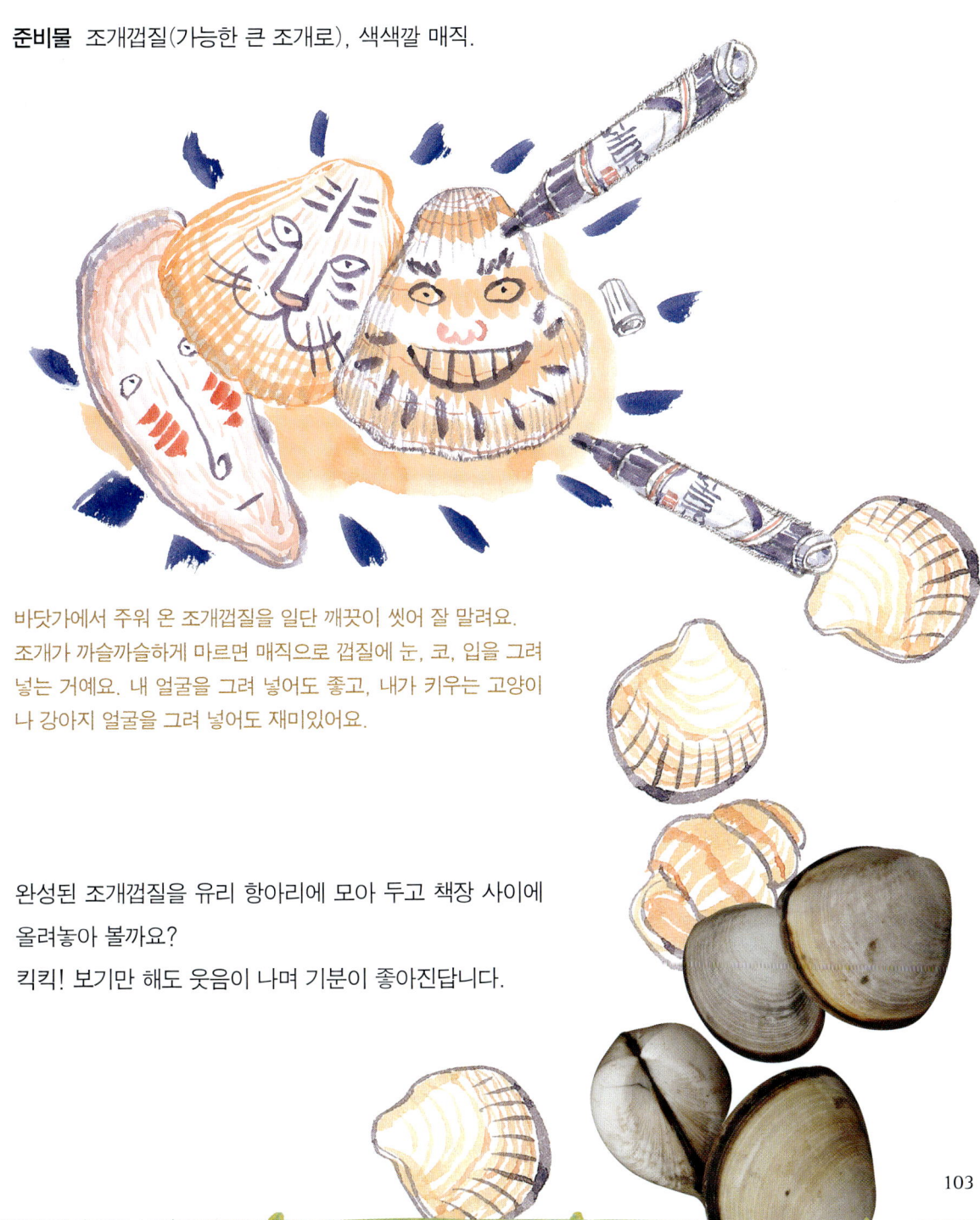

바닷가에서 주워 온 조개껍질을 일단 깨끗이 씻어 잘 말려요. 조개가 까슬까슬하게 마르면 매직으로 껍질에 눈, 코, 입을 그려 넣는 거예요. 내 얼굴을 그려 넣어도 좋고, 내가 키우는 고양이나 강아지 얼굴을 그려 넣어도 재미있어요.

완성된 조개껍질을 유리 항아리에 모아 두고 책장 사이에 올려놓아 볼까요?
킥킥! 보기만 해도 웃음이 나며 기분이 좋아진답니다.

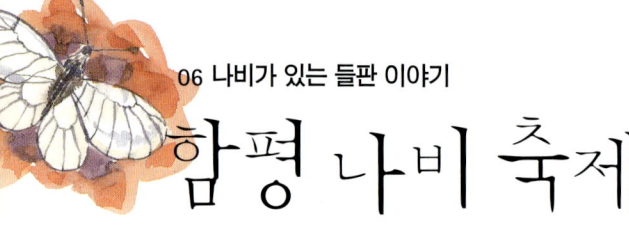

06 나비가 있는 들판 이야기
함평 나비 축제

대식가 애벌레

나뭇잎을 갉아먹는 애벌레를 본 적 있나요?

사각사각 삭삭삭……. 애벌레는 나뭇잎 한 장을 순식간에 구멍 난 그물로 만들어 버려요. 엄청난 대식가거든요. 함평 나비 축제장에서 제일 처음 만난 친구는 대식가 애벌레예요.

처음 애벌레를 보았을 땐 절로 얼굴이 찡그려졌어요. 꿈틀거리는 모습만 보아도 징그러운 생각이 들었으니까요.

배추흰나비 애벌레들
애벌레는 작은 몸에 비해 어마어마한 양의 먹이가 필요해요. 덕분에 배춧잎은 송송 구멍이 뚫려 버린답니다.

호랑나비 애벌레
호랑나비 애벌레는 애벌레 시절부터 멋진 무늬 옷을 입고 있어요. 자연은 정말 최고의 예술가인 것 같아요.

 하지만 가만 생각해 보니 징그러워할 이유가 없지 뭐예요.
 '아름다운 나비가 될 예쁜 아기 벌레잖아.'
 생각이 여기에 미치자 갑자기 애벌레가 사랑스럽게 느껴지기까지 했습니다. 나는 슬쩍 애벌레를 만져 보았어요. 보송보송, 솜털의 느낌이 아주 부드러웠어요.
 '요렇게 작고 귀여운 애벌레가 어떻게 나뭇잎 한 장을 순식간에
　먹어 치울까?'
 신기하기도 했어요.
 알고 보니 애벌레가 대식가가 된 데에는 그만한 이유가 있었어요. 애벌레가 나비가 되려면 여러 번의 탈피(허물을 벗는 것) 과정을 거쳐야 한대요. 그 때문에 많은 영양소를 몸에 저장해 두어야 하죠. 그러니 대식가가 될 수밖에요.
 아참, 대식가 애벌레가 우리 인간에게 큰 도움을 주고 있다는 사실은 알고 있나요? 애벌레가 나뭇잎을 갉아먹으면 나무는 애벌레로부터 나뭇잎을 보호하기 위해 스스로 방어 물질을 내뿜는대요. 그런데 그때 방출되는 방어 물질이 공기를 맑게 한다지 뭐예요. 산림욕이 좋다고 하는 이유도 바로 나무가 내뿜는 방어 물질 때문이래요.
 어느 숲에선가 애벌레를 만나게 되면 고마운 마음을 전하세요.
 "애벌레야, 고마워."

함평 나비 축제는 나비가 되고 싶은 애벌레들의 꿈이 현실로 펼쳐지는 축제의 장이에요. 우리나라에 서식하는 70여 종의 나비들이 벌이는 축제이니까요.

함평 나비 축제는 매년 5월에 열립니다. 나비가 많기로 소문난 함평의 개성이 잘 살아나는 축제이지요.

축제가 열리는 광장으로 들어선 순간, 사람들은 특별한 경험을 하게 됩니다. 코끝이 간질거리며 가슴으로 무언가 쑥 들어오는 듯한 아찔한 느낌을 받거든요. 유채꽃과 자운영꽃의 강한 향기에 취해 버리는 거죠.

나비는 꽃향기를 좇아 날아옵니다. 그 때문에 함평은 유채꽃밭과 자운영꽃밭이 대규모로 펼쳐져 있어요. 특히 함평천은 유채꽃 세상이에요. 내천을 따라 걷다 보면 유채꽃 향에 이끌린 나비들이 나풀거리며 날아드는 모습을 볼 수 있어요.

함평 축제장 끄트머리에 조성된 자운영꽃밭도 아름다워요. 꽃밭에서 한가로이 노니는 나비들을 쫓다 보면 내가 나비인지, 나비가 나인지 모를 지경이랍니다.

유채꽃과 자운영꽃밭
함평 나비 축제에 가면 지천으로 널린 유채꽃과 자운영꽃을 만끽할 수 있답니다.

구리 곤충 생태관
나비가 보고 싶은데 함평까지 갈 수 없다면? 그럴 땐 구리 곤충 생태관에 가세요. 다양한 나비와 곤충을 볼 수 있어요.

❖ 함평 나비 축제

전라남도 함평군에서 해마다 5월 5일을 전후해서 벌이는 나비 축제로, 함평의 대자연 속에 살아 있는 나비와 자연을 소재로 펼치는 생태 학습 축제.
위치: 전남 함평군 함평천 광장
행사: 경축 행사와 더불어 문화, 민속, 전시, 공연 등 다양한 행사가 벌어짐.

나비 길 따라 나불나불

나비가 날아가는 모습은 마치 미끄럼을 타는 것 같아요. 주르르 미끄러지듯 가볍게 날아가거든요.

함평천을 따라 걷다 보니, 하얀 나비 한 마리가 미끄러지듯 내 곁을 스쳐 지나갔어요. 곧이어 또 한 마리의 나비가 나타났는데, 이번엔 살짝살짝 모습을 감췄다가 다시 나타나곤 하는 거예요.

"숨바꼭질이라도 하나?"

내가 고개를 갸웃거리자, 지나가던 아저씨 한 분이 웃으며 말씀하셨어요.

"여기가 나비 길인가 보네."

"나비 길? 그게 뭐예요?"

"나비들도 특별히 좋아하는 길이 있단다. 나비 길이라고 하지. 나비들은 햇볕이 잘 들고 바람이 잘 통하는 길을 좋아해. 그런 곳은 주변에 꽃이 많고 이동하기에 편리하니까."

"그럼 우리가 나비 길을 가고 있는 건가요?"

가슴이 두근거렸어요. 아름다운 나비들이 다니는 길을 걷고 있다니!

어쩜 나비의 나라로 갈 수 있을지 모른다는 생각에 살짝 흥분되기도 했어요. 하지만 '나비 길'이란 멋진 말을 알게 된 것만으로 만족해야 했습니다.

숨바꼭질 하듯 나타났다 사라지기를 거듭하던 나비들은 나불나불 숲 속으로 사라져 버렸거든요. 대신 나비 축제가 벌어지는 광장으로 발걸음을 재촉하기로 했어요. 그곳에서 만나는 나비 친구들은 내게 나비 나라에 대한 이야기를 들려줄지도 모르잖아요.

혹시 한적한 숲길을 가다가 미끄러지듯 날아가는 나비를 만나게 된다면, 지나온 길을 다시 한 번 돌아보세요. 당신은 아름다운 나비길을 걷고 있는 중이니까요.

배추흰나비
배추흰나비는 날개가 거의 흰색이지만 잘 보면 날개 끝에 검은 얼룩 무늬가 있어요. 이 무늬로 대만흰나비와 구별할 수 있지요.

'나비' 라는 아름다운 이름

'나비' 라는 이름은 참 예뻐요. '나비, 나비' 하고 발음해 보면 왠지 몸이 가벼워지는 느낌이 들거든요.

'나비' 라는 이름은 '나불나불' 이란 말에서 나왔다고 해요. 나불거리며 날아가는 모습을 표현한 거죠.

마술에 걸린 나비

'생태관'으로 들어가면 아주 특별한 광경을 볼 수 있어요. 작은 알 하나가 아름다운 나비로 바뀌는 마술이 벌어지고 있거든요.

어떤 마술에 의해 이토록 아름다운 곤충이 탄생하는 걸까요?

어떤 생명이든 시작은 '사랑'입니다. 배추흰나비 연인은 무척 사랑했어요. 햇볕이 유난히 따사롭던 어느 날, 배추흰나비 연인은 결혼식을 올렸지요.

"흰 날개가 까맣게 될 때까지 변치 말고 사랑하여라."

해님은 주례를 섰고요, 바람은 살랑살랑 축가를 불러 주었답니다. 축복 속에 결혼한 나비 부부는 곧 사랑의 결실을 거두게 되지요. 사랑스런 알들이 태어났거든요.

배추흰나비는 요런 모양으로 등을 맞대고 짝짓기를 해요.

배춧잎에 붙은 알
요 쪼끄만 알 속에 생명이 살아 있어요.

1령 애벌레
막 알에서 깨어난 애벌레입니다.

2령 애벌레
요건 2령 애벌레의 모습이에요.

3령 애벌레
사각사각 배춧잎을 먹고 쑥쑥 자라요.

4령 애벌레
이제 제법 자라났어요.

5령 애벌레
곧 번데기가 될 준비를 하겠지요.

번데기와 나비의 우화
번데기 속에서 겨울을 난 애벌레는 봄이 되면 스스로 껍질 옷을 벗고 나와 나비가 된답니다.

    맛난 잎사귀에서 태어난 알은, 한 번 허물을 벗고(1령), 또 한 번 허물을 벗고(2령), 거듭 허물을 벗고(3령), 또다시 허물을 벗고(4령), 마지막 허물까지 벗고 나면(5령) 번데기가 되었다가 껍질을 가르며 나오게 돼요. 이때 번데기 속에서 애벌레는 성충으로 변해가지요. 부모님을 꼭 닮은 아기 나비! 신기한 마법이죠?

나비와 나방은 어떻게 다를까?

나비 축제를 즐기다 보면 한 가지 궁금증이 생겨요.

'나방과 나비는 어떻게 다를까?'

나방과 나비는 그 생김새가 너무 비슷하잖아요.

사실 생김새만으로 나비와 나방을 구별하는 일은 전문가가 아닌 이상 쉽지 않다고 해요. 그래서 나는 두 곤충의 구별법에 대해 알아보기로 했어요. 내가 알아낸 구별법을 관찰 기록장에 잘 기록해 두었답니다.

관찰 기록장

관찰 내용
나비와 나방을 구별하는 방법

관찰 방법
나비와 나방을 밤낮으로 찾아다니며 관찰합니다.

관찰 결과
1. 나비와 나방은 활동 시간이 다릅니다.
나비는 낮에 활동하는 반면 나방은 주로 밤에 활동을 합니다.
2. 나비와 나방은 멈춰 앉을 때 날개 모양이 다릅니다.
날개를 오므리는 나비와 달리 나방은 날개를 편 채 쉽니다.
3. 나비와 나방은 생김새도 다릅니다.
나방이 나비보다 통통하고, 더듬이 모양이 새 깃털이나 머리빗처럼 생겼습니다. 반면 나비는 더듬이가 곤봉 모양으로 끝이 두툼합니다.

나비 따라 훨훨

　나비 축제의 하이라이트는 나비 날리기 행사예요. 드넓은 유채꽃밭과 자운영꽃밭으로 5만 마리의 나비가 한꺼번에 날아오르는 진풍경을 볼 수 있는 기회죠. 노란 유채꽃밭 위로 나비 떼가 날아오르는 모습을 상상해 보세요.

들판에서 소곤소곤

명주실 만들기

나비 축제엔 정말 특별한 체험이 기다리고 있어요. '명주실 만들기 체험'이 바로 그 것이에요. (명주실로 짠 섬유는 비단 또는 실크라고 해요.)

옛날 우리 조상들은 직접 집에서 옷감을 만들었어요. 누에고치를 길러 명주실을 뽑고, 베틀을 이용해서 명주실로 비단을 짰지요. 물론 비단으로 옷을 만드는 일도 집에서 이루어졌어요.

"와! 집에서 그런 일이 가능해요? 어떻게 실과 비단을 만 들 수 있나요?"

처음엔 나도 믿을 수가 없었어요. 하지만 명주실 만들기 체험을 하면서 그 방법을 알게 되었지요. 명주실을 만들려면 우선 누에를 길러야 해요. 누에는 나비목에 속하는 곤충인데, 번데기가 될 때 제 몸을 보호하기 위해 실을 토해 내요. 그 실로 제 몸을 둘러싸는데, 그것을 누에고치라고 해요.

요것이 누에예요.

요것은 누에고치를 짓는 모습이랍니다.

명주실은 바로 누에가 토해 낸 실로 만들어요. 누에고치를 뜨거운 물에 띄워서 실을 뽑아내지요. 한 개의 누에고치에서 풀려나오는 명주실의 길이는 1200~1500m나 된대요. 굉장하죠?

누에고치를 100℃의 뜨거운 물에 삶으면 신기하게도 고운 실이 풀려나오지요.

이렇게 뽑아낸 실로 베틀에서 비단옷감을 짤 수 있답니다.

뽑은 실을 잘 건조시킨 후 베틀을 이용해 짜면 비단옷감이 되는 거예요. 명주실로 비단을 만드는 아주머니의 뒷모습을 보니 옛이야기 속의 한 장면이 생각날 것 같아요. 삐그덕삐그덕 베틀 돌아가는 소리도 참 정겹습니다. 나는 아주머니에게 방해가 될까 봐 숨을 죽이고 한참을 지켜보았답니다.

명주실 만들 때 주의할 점
번데기는 고치를 뚫고 나와 나방이 된대요. 그러니까 명주실을 만들려면 탈피하기 전의 누에고치를 사용해야 해요.

다듬이질 체험
뚝딱뚝딱 마음껏 두드려 보아요.

맷돌 돌리기
콩을 넣고 빙빙 돌리면?

널뛰기
폴짝폴짝 높이높이 뛰어라!

축제의 이모저모

　나비축제라고 해서 나비 친구들만 만난다면 좀 따분하겠죠? 걱정 말아요. 광장 여기저기 즐거운 놀이 체험장이 많으니까요.

　해가 뉘엿뉘엿 저물 무렵, 나비 구경에 지친 나는 민속 놀이 체험장을 찾았어요.

　낯선 친구와 널뛰기도 하고, 난생 처음 다듬이질도 해 보고, 빙글빙글 맷돌 돌리기도 하고, 영차! 절구 치기도 하다 보니 어느새 하루 해가 저물어 버렸지요.

　민속 체험이 피곤했던 탓일까요? 그날 밤 난 깊은 잠에 곯아떨어졌답니다. 한데 이게 웬일일까요? 내 몸이 이상하지 뭐예요. 온몸이 구름처럼 가뿐해지더니 훨훨 하늘로 날아오르기까지!

아이쿠! 나는 나비가 되었답니다. 아름다운 날개를 나풀나풀, 나비 길을 따라 미끄러지듯 날고 있지 뭐예요.

"야호! 정말 나비가 되었네. 하늘을 날고 있잖아."

환호성을 질렀지요. 날개를 맘껏 펴고 푸른 하늘 위로 높이 날아올랐어요. 구름 가까이도 가 보고, 꽃향기에 유혹되어 꽃잎에 앉아보기도 했어요. 꽃 속의 꿀도 먹어 보고, 바람을 타고 술렁술렁 춤도 추었지요.

그러다가 저만치 낯선 것을 발견했어요. 나는 힘껏 날갯짓을 했지요. 숲 길 같기도 하고 터널 같기도 한, 어? 어두운 터널이?

놀란 나는 눈을 번쩍 떴어요. 꿈이었던 거예요. 순식간에 나는 나비에서 인간으로 되돌아왔답니다.

"정말 나비가 된 줄 알았네."

잠깐이었지만 나비가 된 신비한 체험!

언젠가 들었던, 중국의 학자인 장자 이야기가 떠올랐어요. 장자도 나비가 되어 즐겁게 날아가는 꿈을 꾸었대요. 한데 꿈에서 깨어 보니 문득 이런 생각이 들었다고 해요.

'내 꿈속의 나비인가, 나비 꿈속의 나인가?'

자신이 나비인지 사람인지조차 명확히 구분되지 않을 만큼 생생한 꿈이었던 거예요.

이런 꿈을 '호접몽(胡蝶夢)'이라고 해요.

참평 나비 축제에서 내가 경험한 가장 멋진 체험! 그것은 바로 호접몽이었어요.

내가 만난 나비들

나비야, 나비야, 어디로 가니?

내 마음 날개에 실어 보내도 될까?

산 너머 먼 나라로 나를 데려가 주렴.

먹부전나비
날개 끝에 검은 반점이 있는 먹부전나비는 검은 눈이 아주 커요.

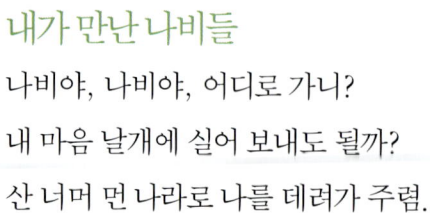

모시나비
모시나비의 날개 옷은 모시 옷처럼 시원해 보여요.

호랑나비
날개 가득 검은 줄무늬가 멋스러운 호랑나비예요.

은판나비
푸른빛 날개를 가진 요놈은 몸도 은색이에요.

푸른부전나비
푸른빛을 띤 것도 있고 요것처럼 흰 것도 있답니다.

은줄표범나비
날개 무늬가 표범 같아서 붙여진 이름이에요.

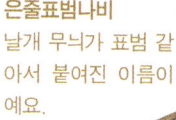

멧팔랑나비
이름처럼 바람 불면 팔랑팔랑 날아갈 듯해요.

노랑나비
예쁜 연노랑 날개 옷을 입었어요.

왕팔랑나비
요 녀석은 다른 나비보다 몸이 유난히 통통하지요.

뿔나비
나방 같기도 하고, 나비 같기도 하고…….

애기세줄나비
흰 바탕에 검은 줄 세 개가 선명하게 보여요.

조흰뱀눈나비
동그란 날개가 여왕님의 옷깃을 닮았어요.

청띠신선나비
거뭇한 날개에 푸른 빛이 신비로워요.

사람아 사람아

세상 가장 깊은 곳은 어딜까?
가장 따뜻한 곳은 또 어딜까?
옛날옛날 오래 전부터
쌓여온 사랑,
깊이깊이 뿌리내린
살가운 정.
사람들의 세상에 깊은 사랑이 있어요.
따뜻한 정이 있어요.

사람아 사람아,
우린 서로 얼마나 더 사랑해야 할까?

05 우리 민속 놀이 이야기

안동 하회 마을

돌담 길에서 떠올린 상상

나는 지금 길 위에 있어요. 고즈넉한 돌담 길을 따라 걷지요. 여기가 어딜까요? 낯선 이곳은. 길을 따라 걷다 보면 만나는 들꽃 친구,
"넌 누구니?"
나를 보며 고개를 갸웃거리죠.
"여긴 어디니?"
멀뚱한 눈으로 물어보자, 들꽃 친구는 까르르 웃고 말아요.
"조선 시대 하회 마을이잖아. 저기 네 친구들이 보이지 않니?"
두 눈을 동그랗게 뜨고 뒤돌아보니, 동네 꼬마들이 우르르 몰려나오네요. 고운 꼬까옷에 긴 머리를 땋아 내린 아이들. 골목길을 누비며 저들끼리 재미난 놀이를 해요.
토닥토닥 신 나는 제기차기 놀이, 빙글빙글 정겨운 강강술래 놀이, 계집아이들은 꼬마 돌 주어 공기놀이 하고요, 사내아이들은 '가위, 바위, 보' 말 등 타기를 해요. 저녁 해가 슬그머니 얼굴을 감추면, 아이들은 숨바꼭질 놀이를 핑계 삼아, 하나, 둘 집으로 돌아가 버려요.
"잘 가. 옛 친구들아!"
나는 친구들을 향해 손을 흔들죠.
골목길 따라 옛길을 천천히 걸으면 옛날 옛적 친구들을 만날 것 같아요.

돌담 길
흙과 돌로 만든 담이 고풍스런 기와집과 어울려 고즈넉한 풍경을 자아내요. 누구든 옛이야기 속으로 빨려들 것만 같아요.

안동 하회 마을은 전체가 문화유산으로 보존될 만큼 특별한 마을이에요. 우리 전통의 가옥과 민속 자료가 잘 보존된 마을이지요.
　선비의 고장으로 더 유명한 안동 하회 마을은 고려 말부터 풍산 류씨 일가가 살아온 곳이랍니다. 우리 역사 속의 중요 인물인 류운룡(조선 선조 때의 문신)과 류성룡(임진왜란 때 군무를 총괄했던 문신)이 태어난 곳이기도 하지요.
　안동 하회 마을로 들어서면 특별한 나무 한 그루를 만나게 돼요. 바로 600년 동안 마을을 지켜 온 느티나무이지요. 세월만큼 거대한 몸집을 가진 웅장한 나무예요.
　"어? 저게 뭘까?"
　느티나무를 본 순간 나는 고개부터 갸웃거렸어요. 이상한 것을 보았거든요.
　나무 밑동으로 새끼줄이 하나 걸렸는데, 조롱조롱 흰 종이들이 달렸지 뭐예요. 종이를 꼼꼼히 살펴보고서야 나는 그 용도를 알았답니다. 종이 가득 깨알처럼 적힌 글자들! 흰 종이는 사람들이 저마다의 소원을 적어 놓은 것이었어요.
　'아하, 사람들이 간절한 소망을 담아 나무에게 말을 건넸구나.'
　나도 느티나무와 이야기를 나누기로 했어요. 종이에 정성껏 글을 써서 새끼줄에 매달았지요.
　'나무야, 내게 정겨운 옛이야기를 해 주렴.'

서낭나무
옛날 사람들은 토지와 마을을 지켜 주는 신이 느티나무에 머무른다고 믿고 그 나무에 소원을 적은 종이를 매달고 빌었어요.

❖ 안동 하회 마을

조선 시대의 민속 마을로, 중요 민속 자료 제 122호로 지정됨. 민족적 전통과 건축물을 잘 보존한 풍산 류씨의 씨족 마을임.
위치: 경상북도 안동시 풍천면 하회리

북촌댁
안동 풍천면 하회리에 위치한 중요 민속 자료 제 84호.
북촌을 대표하는 정형적인 양반 주택이에요.

양진당
안동시 풍천면 하회리의 조선 중기 건물로 보물 제 306호로 지정되었어요.

북촌 마을, 남촌 마을

하회 마을엔 큰길이 하나 있어요. 그 길을 경계로 위쪽 마을은 북촌이라고 하고, 아래쪽 마을은 남촌이라고 한대요.

예로부터 남촌은 술 맛이 좋기로 유명하고 북촌은 떡 맛이 좋기로 유명하여 '남주북병'이라는 말이 생겨나기도 했지요.

"어느 촌 사람이오?"

"난 북촌 마을 사람인데, 댁은 어디 사람이오?"

"어허! 나는 남촌 사람이라오."

아마도 하회마을의 옛 조상들은 길을 가다 낯선 사람을 만나면 이런 대화를 나누지 않았을까요?

북촌의 대표적인 집은 북촌댁과 양진당이에요.
북촌댁은 중요 민속 자료 제 84호로, 99칸 사대부 집이지요.
양진당은 보물 제 306호로 지정된 집이랍니다.

남촌의 대표적인 집은 남촌댁과 충효당이에요.

남촌댁은 중요 민속 자료 제 90호로, 정종 21년에 지어진 99칸 사대부 집이라고 해요. 하지만 화재로 안채와 사랑채가 불타고 말았대요. 충효당은 보물 제 414호로 지정된 집입니다.

남촌댁
하회리에 있는 중요 민속 자료로, 충효당과 함께 남촌을 대표하는 집이에요.

충효당
임진왜란 때 나라를 구한 서애 류성룡 선생의 종택이에요.

이매탈

하회탈 이야기

요것이 대체 뭘까요? 아하! 탈이네요. 히죽히죽, 삐뚤빼뚤 표정도 재미난 하회탈이에요.

9개(각시탈, 중탈, 양반탈, 선비탈, 초랭이탈, 이매탈, 부네탈, 백정탈, 할미탈)의 하회탈은 모두 국보 제 121호로 지정된 아주 귀중한 유산이랍니다. 본래 하회탈은 열두 개였다고 해요. 그런데 아쉽게도 세 개의 탈(총각탈, 떡다리탈, 별채탈)은 분실되고 말았대요.

하회탈은 세계적으로 최고의 가면으로 평가 받고 있어요. 예술적인 가치가 대단하기 때문이지요.

그럼 하회탈은 도대체 누가 만든 걸까요?

선비탈
초랭이탈
각시탈

옛날 옛날 한 옛날에, 허 도령이란 청년이 살았더래요. 유난히 손재주가 뛰어났던 허 도령, 어느 날 하늘로부터 특별한 계시를 받았다나요.

"산속에 있는 외딴 집으로 가서 탈을 만들어라."

그 길로 허 도령은 외딴 집으로 향했지요.

하지만 허 도령의 발길을 잡는 사람이 있었으니, 사랑하는 여인이었다지요.

"도련님, 절 두고 어디로 가십니까?"

"나는 신의 계시를 받은 몸, 탈을 완성하면 돌아올 터이니 기다려 주시오."

허 도령은 눈물짓는 여인을 두고 외딴집으로 들어갔지요.

130

안동 하회탈
양반탈, 부네탈, 백정탈, 양반탈, (윗줄 좌측부터) 중탈, 초랭이탈, 할미탈, 이매탈 (아랫줄 좌측부터)

부네탈
연지 곤지 찍고 선하게 웃는 모습이 참 정겨운 탈이지요.

시간은 잘도 흘렀답니다. 한 달이 지나고, 일 년이 지나고, 기다림에 지친 여인은 그리움을 참지 못해 허 도령을 찾아갔고요, 보고픈 마음에 외딴집 문구멍을 살짝 뚫었다네요.

"에그머니!"

여인은 비명을 지르고 말았지요. 여인을 본 허 도령이 쓰러지고 말았거든요. 부정을 탄 것일까요? 너무 놀란 탓일까요? 쓰러진 허 도령은 다시 일어나지 못한 채 죽고 말았다지요.

허 도령이 떠난 외딴집엔 그가 만든 하회탈 열두 개만이 생생한 표정으로 남았답니다. 재미난 표정들과는 달리 슬픈 전설을 가진 하회탈. 그럼 하회탈로 안동 하회 마을 사람들은 무얼 할까요?

하회 별신굿 놀이

옛날 하회 마을 사람들은 마을 수호신에게 농사가 잘 되고 안녕하기를 바라는 제사를 드렸어요. 이 제사를 별신제라고 하지요. 별신제 때는 별신굿이라고 하는 굿판과 탈놀이가 벌어지곤 했어요. 그것이 우리나라 중요 무형문화재 제 69호로 지정된 하회 별신굿 놀이입니다. 하회탈은 바로 이 놀이에 사용되는 탈이지요.

하회 마을에선 매주 주말마다 하회 별신굿 놀이가 벌어져요. 덩실덩실 어깨춤이 절로 날 만큼 신나는 놀이예요. 하회 별신굿 놀이는 모두 열 개의 마당으로 구성된 놀이인데, 나는 그중에서 '할미마당'이 가장 인상적이었어요. 할미탈을 쓴 사람이 부르는 노래가 무척 재미있었거든요.

한번 들어 봐요.

할미마당
할미탈을 쓴 사람이 나와서 노래를 부르는 마당이에요. 할머니가 춤추는 모습이 무척 재미있었어요.

춘아 춘아 옥단 춘아, 성황당에 신령님네
시단춘이 춘일런가
시집간 지 사흘만에 이런 일이 또 있는가
열다섯 살 먹은 나이 과부될 줄 알았다면
시집갈 년 누이런가
바디잡아 치는 소리 일평생을 시집살이
아구 답답 내 팔자야

무슨 뜻인지 통 모르겠죠? 어린 나이에 시집간 여인이 일찍 남편을 잃었나 봐요. 모진 시집살이를 견디며 사는 일이 힘들었던지, 그 고통을 읊은 노래예요.

저길 봐요. 별신굿 놀이가 얼마나 흥겨우면 외국인들조차 덩실덩실 춤을 출까요?

굿판에서 소곤소곤

다양한 별신굿 한마당

하회 별신굿 놀이가 이루어졌던 곳은 하회리 풍산 류씨 '동성마을'로 불리는 곳이었이요. 별신굿 놀이는 마을의 안녕을 돌보는 서낭신에 대한 큰 제사로 행해졌는데 처음 시작된 시기는 고려 중엽으로 짐작되지요. 신을 내리게 하기 위한 의식인 향을 피우고 술을 따르는 제사(강신)를 지내고 나면 흥겨운 탈놀이 한마당이 벌어집니다.

무동마당
탈놀이의 맨 처음에는 무동마당이 벌어집니다. 각시탈을 쓴 각시 광대가 무동을 타고 구경꾼 앞을 돌면서 돈을 모아요. 이렇게 모은 돈이나 곡식은 모두 별신굿 행사에 쓰이지요. 만약 돈이 남으면 다음 행사를 위해 모아 둔다고 합니다.

주지마당
주지는 사자를 뜻하는데 이 놀이는 탈판을 정화하는 액풀이 마당이에요. 누런 상포 같은 것을 뒤집어쓰고 두 손으로 꿩털이 꽂힌 주지탈을 쓴 암수 한 쌍의 주지가 나와 춤을 추지요.

백정마당
세 번째로 벌어지는 백정마당은 도끼와 칼을 넣은 망태를 메고 나와 소를 잡고는 구경꾼들에게 사라고 한답니다.

할미마당
쪽박을 허리에 차고 흰 수건을 머리에 쓴 할미 광대가 나와 베를 짜며 한평생 고달프게 살아온 신세 타령을 하지요.

파계승마당
부네가 나와 오금춤을 추다가 오줌을 눠요. 이때 중이 등장하여 이 광경을 엿보다가 나타나 날렵하게 부네를 옆구리에 끼고 도망간답니다.

양반선비마당
양반은 하인인 초랭이를, 선비는 부네를 데리고 등장해요. 양반과 선비는 서로 지체와 학식을 자랑하다가 결국 양반이 지게 되지요. 그러다가 서로 화해를 하고, 부네와 초랭이까지 한데 어울려 춤을 추며 논답니다.

우리나라 탈을 찾아요

우리 조상들은 예부터 탈 만들기를 좋아했어요. 바가지나 종이로 탈을 만들어 탈춤을 즐기곤 했으니까요. 하지만 그해 탈놀이가 끝나면 불태워 버리는 풍습이 있었기 때문에 아쉬움이 많답니다.

내가 하회 마을을 찾았을 때는 마침 세계 각국의 탈을 전시하고 있었어요. 좀처럼 만나기 힘든 행운에 가슴이 두근거렸지요.

그럼 지금부터 세계 각국의 탈을 보여 줄게요. 우리나라 탈은 어떤 것일까 찾아보세요.

안동 하회 탈 박물관
하회 마을에 위치한 이곳에 가면 하회탈을 비롯하여 세계 곳곳의 여러 가지 탈들을 구경할 수 있답니다.

아시아 탈
인도와 말레이시아 등 아시아 탈들이에요.

과테말라 탈
과테말라 탈이에요. 가까이서 보니 조금 무서웠답니다.

아프리카 탈
탈의 색과 생김새를 잘 봐요. 아프리카 분위기가 물씬 풍기잖아요. 원주민들의 모습을 닮은 것 같아요.

유럽 탈
유럽 탈이에요. 피에로도 보이네요. 흥미진진한 동화 속 이야기가 벌어질 것 같아요.

멕시코 탈
축제를 즐기는 멕시코 사람들의 탈은 아주 화려해요. 태양을 닮은 탈도 있네요.

일본 탈
하얀 얼굴, 가늘고 긴 눈의 여인이 눈에 띄는 일본 탈이에요.

중국 탈
중국 경극에서 본 듯하지 않나요? 손오공도 보이네요. 중국 탈은 우리에게도 친숙한 것 같아요.

우리나라 탈
어쩐지 낯익은 얼굴, 어디서 많이 본 표정! 맞아요. 요것이 바로 우리의 탈이에요.

요건 어느 나라 탈일까요?
킥킥, 내가 만든 탈이에요.
멋지죠?

08 조선의 마지막 황실 이야기

전주 한옥 마을

승광재와 설예원

길을 가다 보면 우연히 만나게 되는 표지판 하나. 전주 한옥 마을에서 만난 친구는 예쁜 새 모양의 표지판이에요.

"승광재과 설예원으로 가 봐. 아주 특별한 곳이거든."

새는 금방이라도 날아오르며 마치 나를 어딘가로 데려갈 것만 같았어요. 나는 새를 믿어 보기로 했어요. 새가 이끄는 데로 발길을 옮겼지요.

승광재는 '황손의 집'이라고 해요. 황손이라면 황제의 자손이란 뜻이지요. 승광재는 황제의 자손인 이석 선생이 살고 있는 곳이었어요.

조선의 마지막 황제 순종에게는 동생이 하나 있었어요. 그 동생이 바로 의친왕이지요.

의친왕은 여러 명의 자식을 두었는데 그중 한 사람이 바로 이석 선생으로 현재 유일하게 살아계시는 우리나라 황손이시랍니다.

승광재의 사연을 알고 보니, 새가 나를 승광재로 이끈 뜻을 알 것 같았어요.

"아픈 역사가 살아 숨쉬는 마을, 이곳 전주 한옥 마을에서 우리의 역사와 의미를 깊이 생각해 보렴."

새는 이렇게 말하고 있었던 건 아닐까요.

승광재와 설예원을 알리는 표지판
승광재와 설예원은 전주가 보존하고 있는 최고의 문화재입니다.

승광재
왕손인 이석 선생이 노년을 보내도록 마련된 집이에요. 이곳에서는 미약하나마 조선 황실의 흔적을 찾을 수 있답니다.

   전주 한옥 마을은 남다른 유래를 가지고 있는 마을이에요. 일제 강점기, 일본에 나라를 빼앗긴 우리 민족은 터를 잡고 살던 전통 가옥까지 잃어야 했어요. 일본인들이 전통 가옥을 허물고 그곳에 일본식 건물을 짓기 시작했거든요.

   이에 반발한 전주 백성들은 교동과 풍남동 일대에 우리 전통의 한옥촌을 형성하고 모여들기 시작했는데, 그것이 현재까지 남아 있는 전주 한옥 마을이랍니다.

   한옥 마을엔 지금도 전주의 주민들이 살아요. 옛 가옥에 현대의 사람들이 살아가고 있는 거예요. 그 때문에 이곳에 들어서면 시간이 거꾸로 가는 듯한 느낌을 받게 된답니다. 과거와 현재가 함께 숨 쉬는 신기한 마을이니까요.

게다가 승광재에선 특별한 체험을 할 수도 있다고 해요. 이석 선생과 마주치기라도 한다면 선생으로부터 옛 황실에 대한 이야기를 들을 수 있거든요.

하지만 나는 그런 행운을 만날 순 없었어요. 마침 이석 선생은 계시지 않았거든요. 대신 설예원에서 멋진 하룻밤을 보낼 수 있었답니다. 설예원은 전통 민박 시설인데, 그곳에서 맛보는 밤의 정취는 말로 표현하기가 힘들어요.

따뜻한 아랫목에 누워 하늘을 보면, 대나무 가지 사이로 쏟아지는 별을 볼 수 있어요.

마치 검은 하늘에 반짝반짝 꽃이 피어난 듯해요.

"별 하나, 별 둘, 별 셋……."

나도 몰래 별을 세다 보면, 어쩐지 내 몸도 별이 된 듯 느껴져요. 눈부신 은빛 세상으로 빨려들 것 같아요. 먼 옛날, 우린 모두 별이었을지도 몰라요. 작은 별로 빛나다가 생명을 다한 후, 땅으로 떨어진 건 아닐까요? 하늘에서 떨어지는 별똥별처럼.

별똥별이 떨어질 때 소원을 빌면 소원이 이루어진다고 해요. 하지만 미리 소원을 생각해 놓지 않으면 기회를 놓치고 말아요. 별똥별은 불현듯 순식간에 떨어져 버리니까요.

나는 별똥별을 보는 행운은 만나지 못했지만 오늘만큼은 이석 선생의 건강과 행복을 빌며 잠이 들었습니다.

❖ **전주 한옥 마을**

위치: 전라북도 전주시 교동, 풍남동 일대 7만 6320평에 700여 채의 전통 한옥으로 이루어진 마을.

부대 시설: 전통 문화 센터, 전주 전통 술 박물관, 전주 한옥 생활 체험관, 전주 공예품 전시관 및 명품관이 있음.

우리 전통 한옥 감상하기

 타박타박 마을 길을 걸어 보았어요. 양옆으로 늘어선 한옥들은 어느 것 하나 아름답지 않은 집이 없답니다. 여인의 치맛자락처럼 펼쳐진 처마를 보세요. 유연하게 곡선을 이루는가 싶더니 어느새 날렵하게 날아오르는 처마 끝. 내 눈엔 그 모습이 새의 날개처럼 보였어요.

 하지만 한옥의 진정한 멋은 해가 질 무렵에야 발견했답니다.

 산 너머로 어스름 노을이 져요. 그때쯤이면 산이 만드는 능선이 볼록볼록 둥글둥글 살아나지요.

 삼각형 함석 지붕은 볼록한 산봉우리를 닮았고요, 동그란 초가지

자연친화적인 한옥

한옥은 공해가 거의 없는 자연을 가장 잘 배려한 건축물이에요. 한옥은 나무로 골격을 만들고 기왓장을 얹어 지붕을 만들어요. 뿐만 아니라 한옥에서 볼 수 있는 아궁이는 식물성 폐기물들을 대부분 태울 수 있어서 배출되는 쓰레기의 양까지 줄여 준답니다.

붕은 남실남실 산등성이를 닮아 있어요. 어둑어둑 해가 저물면 어둠 속에 드러나는 산등성 굴곡을 따라 한옥 지붕도 함께 어울려 산이 되어 버려요.

 '그렇구나! 우리 조상들은 자연을 닮은 집을 짓고 자연이 되어 살았구나!'

어둠 속에서, 세상에서 가장 아름다운 집들을 바라보았습니다.

산으로 돌아가는 사람들

우리 조상들은 죽어서도 자연의 집에 묻혀요. 무덤을 생각해 봐요. 둥그런 산등성이 아래 만들어진 무덤은 스스로 작은 산을 닮아 둥근 등 위에 또다시 풀을 키워 내지요. 산을 닮은 집에서 살다가 죽어서도 산을 닮은 집, 무덤에 묻히는 사람들. 그들이 우리 민족이랍니다.

꼭 가 봐야 할 곳들

전주 한옥 마을에 가면 오목대와 경기전은 꼭 가 보세요. 오목대는 전주의 상징적인 역사 명소에요. 전주 이씨의 발상지이거든요.

경기전은 조선을 세운 태조 이성계의 어진(임금님의 초상화)이 모셔진 곳이에요.

또 시간이 된다면 학인당, 토담집, 전주 최씨 종가도 둘러 보면 좋아요. 모두들 우리 역사의 발자취가 깊이 남아 있는 장소들이지요.

아름다운 한옥 안에서 맘껏 상상하세요.

'저기 저 마당에선 옛 아이들이 뛰어놀았겠지?'

'아이들은 저마다 툇마루에 걸터앉아 바람 소리 따라 천자문을 읊었을 거야.'

이것이 오목대입니다.

경기전
전라북도 전주시 풍남동에 위치해요. 조선 세종 24년(1442)에 건립한 것으로, 조선 태조의 영정이 봉인되어 있어요.

승광재에서 궁중 음식 구경하기

여행을 하다 보면 뜻하지 않은 행운을 만날 때도 있어요. 내가 승광재를 찾았을 땐 마침 그곳 마당에서 궁중 김치 전시회가 열리고 있었습니다.

궁중 김치 하면 임금님과 왕비님이 드시던 김치잖아요. 도대체 옛날 임금님들은 어떤 김치를 드셨을까요?

무송송이

보쌈김치

비늘김치

수삼나박김치

섞박지

동치미

섞박동치미

순무달래김치

나박김치

임금님이 드시던 수라(고려 말과 조선시대에 왕에게 올린 밥을 경어로 이른 궁중 용어)상을 구경하는 기회도 있었어요.

어니 옛날 임금님과 왕비님이 받았던 수라상을 볼까요?

와우! 반찬이 도대체 몇 가지일까요?

임금님은 보통 하루 다섯 차례 식사를 했다고 해요. 이른 아침에 초조반을 받고, 점심엔 낮것상을 받고, 야참을 먹은 후, 아침저녁으로 수라상을 받았대요.

그럼 임금님이 수라를 드시는 장면을 한번 엿보도록 해요.

궁궐 안에 임금님의 수라상이 차려져요. 크고 둥근 상이라는 뜻의 대원반이 차려지지요. 12첩 반상, 즉 열두 가지 반찬으로 차려진 맛난 밥상입니다.

대원반이 놓이면 주위에 소원반(작고 둥근 상)과 책상반(작고 네모난 상)이 놓여져요. 그럼 임금님은 밥상을 세 개나 받는 것일까요? 그럴 리가요. 소원반은 제조상궁의 것이고, 책상반은 시중 드는 전골상궁의 상이랍니다.

이제 임금님께서 수라를 드실 차례입니다. 그런데 이상한 일이 벌어져요. 임금님이 수저를 들기도 전에 제조상궁이 먼저 음식을 먹지 뭐예요. 세상에! 임금님보다 상궁이 먼저 수저를 들다니!

하지만 사연을 알고 보면 이상할 것이 없답니다. 제조상궁이 먼저 음식 맛을 보는 것을 '기미를 본다'고 하는데, 음식에 독이 있는지 알아보는 거예요. 옛날엔 임금님을 독살하려는 음모가 많았거든요. 그것을 방지하기 위한 처방이지요. 음식에 독이 없는 걸 확인한 상궁이 임금님께 '젓수십시오.'라고 하면, 비로소 임금님의 식사가 시작되었던 거예요.

소원반
임금이 밥술을 뜨기 전 제조상궁이 음식에 독이 있는지를 알아보기 위해 먹는 밥상이랍니다.

책상반
시중을 드는 전골상궁의 밥상으로 밥상이 책상과 비슷하게 사각으로 생겨서 책상반입니다.

12첩 반상(대원반)

임금님의 수라상은 밥, 국, 김치, 찌개, 찜, 전골 이외에도 생채, 숙채, 구이 2종류(찬 구이, 더운 구이), 조림, 전, 마른반찬, 장과 젓갈, 회, 편육, 별찬과 같은 열두 가지 찬이 나오고 조리법이나 양념이 중복되지 않도록 각별히 신경을 써서 차려 내었어요.

승광재에 남아 있는 조선 황실의 흔적

조선왕조 오백년은 막을 내렸지만 승광재에 한 걸음 발을 내딛으면 아쉽게 막을 내린 조선 마지막 황실의 숨결을 느낄 수 있어요.

순종 황제, 의친왕과 윤대비 사진
승광재 안에 걸려 있는 사진들입니다.

승광재의 방 안으로 들어가니 조선 시대 황제와 황후의 것으로 보이는 궁중 의상이 고이 모셔져 있었어요. 색색깔 고운 비단에 한 땀 한 땀 금실로 놓인 수가 한눈에 귀하디 귀한 분의 것이란 걸 알 수 있었답니다.

그때였어요. 대청마루의 벽에 걸린 빛바랜 사진이 눈에 들어왔지요. 순간 나는 숙연해졌어요. 그곳에는 조선 역사 속 슬픈 왕 순종과 의친왕이 있었기 때문이에요. 일본에 통치권을 빼앗겨 백성을 돌볼 수 없었던 한이 사진 속 굳은 표정에 그대로 남아 있는 것 같았어요. 사진 앞에 선 나는 짧은 묵념에 잠긴 후 승광재를 떠났습니다.

조선의 궁중 의상
승광재 안에 보존된 궁중 의상이지요.

한옥에서 소곤소곤

특별 체험, 김치 담그기

김치 구경을 했으니 전통 김치 만드는 법도 체험해 봐야 해요. 전통 마을에서 담아 보는 전통 김치는 또 다른 느낌이잖아요. 슈퍼에서 사 먹는 김치와는 비교조차 할 수 없는 깊은 맛을 느낄 수 있는 절호의 기회! 승광재 마당에서 벌어진 '김치 담그기 체험'에 도전해 봤어요.

01 잘 저려진 배추는 빛깔도 상큼해요.

02 배추 속에 넣을 소(양념)는 이런 재료들로 만들어요.

03 배추 속에 잘 버무려진 소를 넣어요. 소를 넣던 할머니가 물었어요. "한 입 먹어 보련?" 물론 냉큼 대답했지요. "예!"

04 "아이! 매워!" 하지만 참 맛있었답니다.

05 와우! 김치가 완성됐어요. 김치를 쭈욱 찢어 한 입 먹고 싶죠?

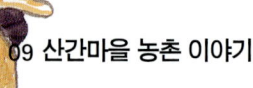

09 산간마을 농촌 이야기

토고미 마을

허수아비가 지키는 마을

"허수아비야, 안녕!"

푸른 들판에서 허수아비 친구를 만났어요. 앙증맞은 모자를 멋지게 눌러쓴 허수아비는 짓궂은 표정으로 웃고 있었지요.

"우리 같이 놀래?"

하는 듯했어요.

"무얼 하고 놀 건데?"

왠지 가슴이 두근거렸어요. 허수아비와 놀 수 있다니! 정말 기막힌 경험이잖아요.

하지만 허수아비의 대답은 날 실망시켰어요.

"참새 쫓기는 어때?"

"에이, 시시해."

"바람 따라 춤추기 할까?"

"에이, 그것도 시시해."

"넌 무슨 놀이를 좋아하는데?"

"신나는 놀이. 예를 들면……!"

허수아비의 얼굴을 본 순간, 불현듯 떠오르는 놀이가 하나 있었어요. 동글동글 눈동자와 살짝 겁먹은 듯 보이는 허수아비 얼굴을 보세요. 무언가 떠오르는 장면이 있지 않나요?

토고미 마을의 대문
토고미 마을은 대문부터 정겨워요. 어른 키높이보다 낮은데다가 나뭇가지를 술술 엮어 만든 틈으로 안이 훤히 내다보여요. 대문 밖과 안에 조화로운 기운이 한껏 느껴졌어요.

아하, 오즈의 마법사!

동화 '오즈의 마법사'에 나오는 겁쟁이 허수아비를 꼭 닮았어요.

"우리, 오즈의 나라로 떠나자. 거긴 재미있는 일들이 기다리고 있을 거야."

들뜬 내 목소리에 허수아비는 난처한 표정을 지었지요.

"미안해. 난 움직이지 못하는 허수아비인걸. 게다가 난 오즈의 나라로 가는 길을 몰라."

허수아비는 고개를 푹 떨구었어요. 하지만 무슨 생각을 했는지 이내 생글생글 고개를 드는 거예요.

"저기로 가 봐. 토고미 마을 길이야. 오즈의 나라보다 더 재미있고 신 나는 곳이지."

나는 허수아비가 가리키는 길을 바라보았어요.

저만치 마을이 보이고 있었어요.

오즈의 나라보다 재미있다는 토고미 마을, 그곳에도 마법사가 있을까요?

강원도 토고미 마을은 아름다운 자연 속에서 농촌 전통의 문화를 맛볼 수 있는 곳이에요. 이곳에서는 매년 '토고미 오리 쌀 축제'가 열리는데, 축제 기간 중엔 다양한 체험 행사가 벌어져요. '자연 체험', '농촌 체험', '문화 체험' 등의 행사를 통해 직접 농촌 마을의 생활을 경험할 수 있답니다.

그런데 왜 하필 축제 이름이 오리 쌀 축제일까요? 토고미 마을에 들어서면 바로 그 이유를 알 수 있어요. 쌀 농사로 유명한 토고미 마을은 사방이 논이에요. 농부들이 가장 바쁘다는 여름철. 하지만 토고미 마을 논에는 농부의 모습이 보이질 않았어요. 대신 예쁜 오리들이 논 사이를 떼지어 다니지 뭐예요.

"오리들아, 너희들은 거기서 뭐 하니?"

토고미 마을의 논 농사는 오리들이 짓는다고 해요. 토고미 주민들은 오리를 논에 방목하는데, 오리들이 논에 있는 풍부한 먹잇감을 포식하며 헤집고 다니다 보니, 자연스럽게 김 메기가 되고, 병충해가 방지되는 거래요. 그 때문에 농약을 사용하지 않아도 품질 좋은 쌀이 재배된다지 뭐예요.

세상에! 오리가 농사를 짓는 마을이라니!

정말이지 오즈의 나라보다 재미있는 마을이 아닌가요?

> ❖ **토고미 마을**
>
> 위치: 강원도 화천군 상서면의 '신대리, 신풍리, 구운리, 장촌리'로 구성된 마을. 강원도 청정의 아름다운 자연이 살아 있으며 비래 바위, 만산동 계곡 등이 있음.

여름 내 농사를 지은 오리들은 겨울이 되면 여유로이 쉰답니다.

'토고미 오리 쌀 축제' 후기

축제가 열리는 기간, 토고미 마을은 전체가 체험장이나 다름없어요. 온 마을이 신기한 것들로 가득하니까요.

특별한 체험은 마을 입구에서부터 시작돼요. 농부들의 자가용인 경운기가 사람들을 축제의 광장으로 데려다 주거든요. 타달타달 경운기를 타고 고불고불 시골 길을 가다 보면 들녘으로 피어난 이름 모를 풀들이 방실방실 인사를 해요.

"반가워. 여기는 토고미 마을이야."

나무 한 그루, 풀 한 포기조차 마을에 대한 자부심으로 가득 찬 듯 당당하지요. 쿵덕쿵! 쿵덕쿵!

축제장으로 들어서자마자 떡 방아질 소리가 들려요.

경운기 몰고 가는 농부
탈탈탈, 경운기를 몰고 가는 농부 아저씨를 직접 만날 수 있었어요.

떡메
인절미나 흰 떡 따위를 만들기 위하여 찐 쌀을 치는 메예요. 굵고 짧은 나무토막의 중간에 구멍을 뚫어 긴 자루를 박아 만들었어요.

새끼 꼬는 기계
짚을 길게 이어 새끼 꼬는 기계에 넣으면 돌돌 꼬인 새끼줄이 만들어집니다.

    소리가 나는 쪽으로 가 보니 마을 아저씨들의 떡메치기가 한창이었지요.

    "금강산도 식후경이라지 않습니까. 떡이나 먹고 구경하세요."

    인심 좋은 마을 아저씨들은 즉석에서 만든 찹쌀떡을 구경꾼들에게 듬뿍듬뿍 나누어 주었고요, 구경꾼들은 주는 대로 넙죽넙죽 받아먹었어요.

    찹쌀떡으로 배가 부른 나는 본격적으로 축제 구경에 나섰지요.

    가장 신기한 것은 새끼 꼬는 기계였어요. 짚을 넣기만 하면 머리카락을 땋은 듯 치렁치렁 늘어지는 새끼줄이 무척 신기했답니다.

토고미 마을에서 무엇보다 가장 재미난 체험은 농촌 생활 체험이었어요. 좀처럼 해 볼 수 없는 '동물 먹이 주기'와 '모내기 체험'을 했거든요. 농장에서 일하는 문의 노움을 받아 농장 동물들에게 먹이 주기를 했는데 토끼와 닭은 내가 주는 먹이를 신 나게 받아먹었어요. 모내기 체험도 정말 특별했어요. 무릎까지 빠지는 논에 들어가 모를 심다 보면 '꽥꽥' 개구쟁이 오리들이 장난을 걸어오지 뭐에요. 종아리를 톡톡! 엉덩이도 톡톡! '놀자, 놀자.' 유혹을 합니다.

'에라! 모르겠다!'

모는 냅다 던지고 오리들과 한바탕 장난을 치다 보면 온몸은 흙 투성이, 영락없이 시골 아이가 되어 버리죠. 반짝반짝 전등불이 하나 둘 켜지면 맛있는 저녁 잔치가 벌어집니다. 구수한 저녁 밥 냄새가 스멀스멀 냇가까지 스며들 무렵, 우리들은 강아지처럼 코를 벌름거리며 마을로 달려갔습니다.

닭 모이 주기
꼬꼬댁 꼬꼬꼬……. 닭들이 내가 준 모이를 바삐 쪼아먹었답니다.

토끼 먹이 주기
귀여운 토끼들에게 뜯어 놓은 배춧잎을 먹이로 주었어요.
"귀여운 토끼들아, 많이 먹으렴."

할머니의 옛날이야기

　밤이 깊으면 모두들 시골 집 안으로 하나 둘 모여들어요.

　"감자나 먹으라."

　마침 마을 할머니께서 바구니 가득 감자를 담아 오셨지 뭐예요. 우리는 주먹만 한 감자를 받아먹으며 할머니의 이야기 속으로 빠져 들었어요.

할머니: 토고미 마을이 왜 토고미인 줄 아네?

우리들: (고개를 절레절레) 아니오.

할머니: 우리 마을은 예부터 논 농사가 잘 되기로 유명했지. 그 때문에 품삯을 모두 쌀(쌀 미:米)로 주었다고 해서 토고미가 된 게야. 그럼 토고미 마을 중 하나인 신풍리의 전설은 아네?

우리들: (또 절레절레) 몰라요.

할머니: 옛날 신관 사또가 이 고장으로 처음 방문을 왔는데, 그 해 대풍년이 들었다지 뭐네. 그래서 이름이 신풍리가 된 게야. 그럼 혹시 뒷산 비래 바위에 얽힌 전설은 아네?

우리들: (고개만 절레절레)

할머니: 비래 바위는 원래 금강산에 있던 바위야. 그 바위가 어느 날 훌쩍 날아와서는 턱하니 자리를 잡았지.

우리들: (고개만 끄덕끄덕, 감자만 냠냠)

　그날 밤은 하늘의 별들도 할머니의 옛날이야기를 듣느라 집으로 가질 못했답니다.

농촌에서 소곤소곤

생활 도구 구경

토고미 마을은 전통적인 농촌이에요. 그 때문에 대대로 내려온 농기구들이 많이 남아 있답니다. 좀처럼 보기 힘든 농기구들을 보여 줄게요.

작두
말과 소의 먹이를 써는 연장이에요.

디딜방아
'쿵덕쿵, 쿵덕쿵' 방아질을 해 봐요.

다리미
옛날엔 이런 다리미를 사용했어요. 전기가 없었기 때문에 다리미 안에 달군 숯을 넣어 썼다고 해요.

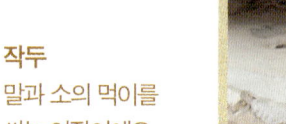

자리틀
자리를 짜는 기계예요. 왕골, 부들, 짚 따위로 엮어서 자리를 만든대요.

다듬이와 방망이
옷감이나 이불 천을 정갈히 만드는 다듬이예요.

쟁기
밭을 가는 농기구예요.

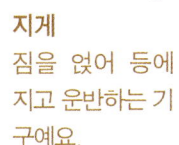

지게
짐을 얹어 등에 지고 운반하는 기구예요.

도투마리
베를 짤 때 날실을 감는 틀이에요.

탈곡기
벼, 보리 따위의 이삭에서 낟알을 떨어내는 농기계예요.

삼태기
곡식이나 흙 따위를 담아 나르는 데 사용하는 기구예요.

돗틀
돗자리를 짜는 틀이에요.

멧돌
곡식을 가는 데 쓰는 기구예요. 구멍으로 곡식을 넣어 손잡이를 돌리면 곡식이 보들보들 갈려 나와요.

농촌에서 소곤소곤

울릉도 투막집
투막집은 귀틀집이라고도 하는데, 통나무를 井자 형으로 귀를 맞추어 쌓아 올리며 벽을 만들어요. 그리고 그 위에 여러 재료를 이용해 지붕을 이었어요.

토고미 마을 초가집
짚이나 갈대 따위로 지붕을 인 전통적인 초가집이에요. 새끼줄로 동여맨 둥근 지붕이 평화로운 시골 자연 풍광과 잘 어우러진 집이에요.

사람을 닮은 집

집은 그곳에 사는 사람들을 닮아요. 집엔 사람들의 추억과 삶이 고스란히 녹아드니까요. 저길 봐요. 토고미 마을의 초가집은 마을 사람들의 마음처럼 둥글둥글 순박하잖아요. 예부터 우리 조상들은 그 마을의 지형과 날씨, 고장 특색에 맞는 집을 짓고 살았어요.

강원도 너와집
산간 지방의 특징이 잘 드러나는 집으로, 붉은 소나무 조각으로 지붕을 덮은 집이랍니다.

제주도 돌담집
제주도엔 바람이 많은 곳이다 보니, 바람에 날아가지 않도록 지붕도 억새로 만들어서 그 위에 새끼줄을 치고 새끼줄 끝엔 돌멩이를 매달았어요.

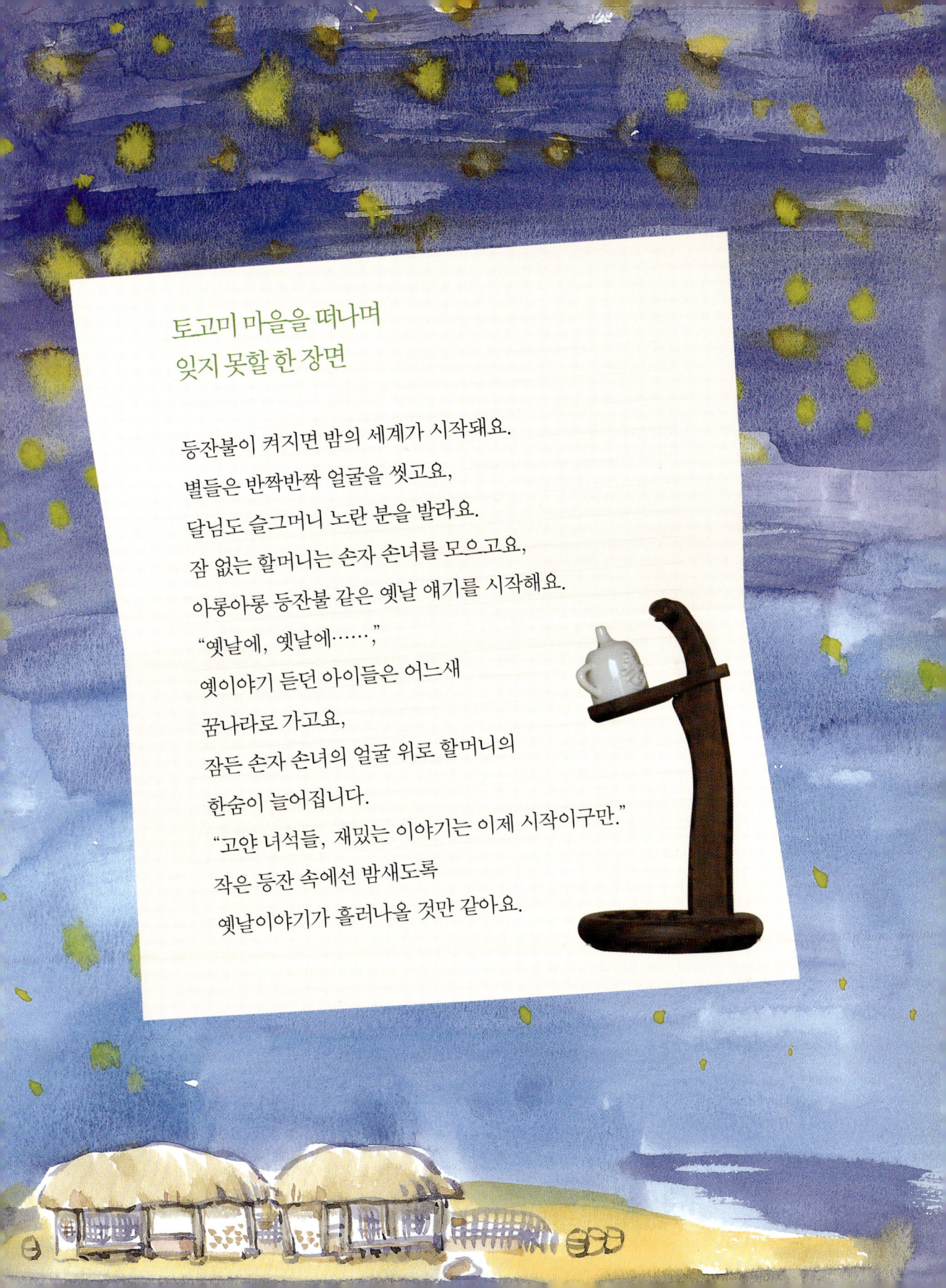

토고미 마을을 떠나며
잊지 못할 한 장면

등잔불이 켜지면 밤의 세계가 시작돼요.
별들은 반짝반짝 얼굴을 씻고요,
달님도 슬그머니 노란 분을 발라요.
잠 없는 할머니는 손자 손녀를 모으고요,
아롱아롱 등잔불 같은 옛날 얘기를 시작해요.
"옛날에, 옛날에……",
옛이야기 듣던 아이들은 어느새
꿈나라로 가고요,
잠든 손자 손녀의 얼굴 위로 할머니의
한숨이 늘어집니다.
"고얀 녀석들, 재밌는 이야기는 이제 시작이구만."
작은 등잔 속에선 밤새도록
옛날이야기가 흘러나올 것만 같아요.

에필로그

여행을 마치고

집으로 돌아오는 길,
운동화는 해지고 온몸은 피곤하지만
마음은 보물을 그득 담고 오는 듯 행복합니다.
어쩐지 영화 속의 주인공이 된 기분이에요.
영화의 마지막 장면이 이렇잖아요.
주인공의 뒷모습이 석양 속으로 사라지면
극장 안을 가득 채우는 영화 음악…….
하지만 내 영화는 아직 끝나지 않았답니다.
마지막 마무리가 남았거든요.
집에 도착한 즉시 짐을 풀고,
따뜻한 물로 샤워를 한 후,
여행에서 챙겨 온 추억들을 정리해야 해요.

사진들을 정리해서 앨범을 만들고,
한 장 한 장마다 담긴 소중한 이야기들을 기록해요.
추억이 담긴 기념품들도 잘 정돈해 둔 후,
길고 긴 일기를 쓰는 거예요.
그리고 기도를 합니다.
"여행을 무사히 마치게 해 주셔서 감사합니다."
포근한 침대 속에서 다시 한 번 여행지의 친구들을 떠올리며,
"친구들아, 잘 자!"
인사를 하면 드디어 내 여행이 끝난 거예요.
이제 여행지의 이야기는 아름다운 추억이 됩니다.
잊혀지지 않을 추억이 남았으니 어쩜 나의 영화는
영원히 끝나지 않을지도 몰라요.

긴 여행 남은 이야기

여행은 끝났지만 여운을 떨칠 수 없어요.
또다시 먼 곳으로 떠나고 싶답니다.
꼭 가 보고 싶은 곳이 있으니까요.
독도와 백두산!
지금은 가기 힘든 곳이지만 이보다 더 뜻 깊은 여행지가 있을까요?
당장 갈 수 없으니 아쉬운 맘 크지만
사진을 통해서라면 얼마든지 멋진 여행을 할 수 있죠.
이번에도 함께 떠나 볼래요?

01 동쪽 끝 작은 섬 독도
독도와 괭이갈매기 | 독도의 풀꽃 이야기

02 가고 싶은 그곳 백두산
백두산 천지와 고구려 | 고구려의 첫 수도 오녀산성 | 백두산의 풀꽃 이야기

01 동쪽 끝 작은 섬 독도

독도와 괭이갈매기

독도는 우리 생물들의 보물 창고 같은 곳이에요. 섬이라는 특성 때문에 외래종의 유입이 차단되고 있거든요. 덕분에 우리 전통의 식물들이 삼백여 종이나 자생하고 있답니다. 또 텃새와 철새들의 낙원으로 불려요. 사람의 간섭을 받지 않는 새들의 세상이 될 수 있었던 거지요. 식물들의 보물창고! 새들의 낙원! 독도를 만나 보세요.

괭이갈매기가 지키는 독도

울음소리가 고양이 같다고 하여 이름 붙여진 괭이갈매기는 독도의 진정한 주인이 된 듯해요. 사람이 다가가도 전혀 놀라거나 당황하지 않는답니다.

괭이갈매기 새끼는 야생의 법칙을 따라 벼랑 끝 둥지에서 부화합니다.

독도 순직 경찰관 위령비

동도
독도는 길이 55km에 이르는 세 개의 해산으로 이루어져 있어요. 동도와 서도는 그 중 첫 번째 해산을 가리키는 것이지요.

장군 바위와 삼 형제 바위

등대

동도의 민가

독도를 날으는 괭이갈매기 떼

짝짓기 철의 괭이갈매기 한 쌍

알을 품고 있는 어미 괭이갈매기

괭이갈매기 알

부화가 끝난 자리

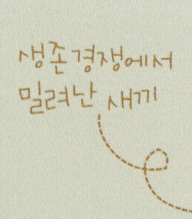
생존경쟁에서 밀려난 새끼

배가 고파 어미를 부르는 새끼 괭이갈매기

중대백로 섬참새

첫 나들이를 떠나는 괭이갈매기 어미와 새끼

황로

독도의 풀꽃 이야기

외떨어진 곳에서 사람과 멀리 있는 동안 독도는 수많은 야생 풀꽃들을 키워 내었어요.
지금은 괭이갈매기와 더불어 야생 풀꽃들의 낙원으로 일컬어지고 있답니다.

구름패랭이 꽃

샛까치수염

땅채송화

섬말나리

괭이밥

도깨비쇠고비

절벽에서 자라나는 섬기린초

장지석남과 천지

02 가고 싶은 그곳 백두산

백두산 천지와 고구려

백색의 부석(화산의 용암이 식어서 생긴 돌)이 얹힌 모습이 마치 흰머리와 같다 하여 백두산이라 불리는 산. 백두산에서부터 지리산에 이르는 백두대간은 한국의 기본 산줄기예요. 한반도 산들의 어머니와도 같은 산이지요. 그 때문에 예부터 백두산은 성스러운 산으로 숭배 받아 왔답니다. 단군신화라는 우리의 역사 뿌리가 숨쉬는 곳! 백두산을 만나 보세요.

고구려의 첫 수도 오녀산성

백두산에는 고구려 역사의 흔적을 곳곳에서 만날 수 있습니다. 하지만 안타깝게도 이 땅은 지금 중국의 영토가 되어 버렸습니다.

광개토대왕릉은 중국 영토 내에 있어요.

광개토대왕릉

고구려의 첫 수도 오녀산성

오녀산성에 있는 고구려 병사들이 먹던 우물

중국 길림성 집안현에 위치한 장군총

너도개미자리

백두산의 풀꽃 이야기

나도송이풀

가을송

기생여뀌

각시취

노랑복주머니 난

동자꽃

참취

둥근나팔꽃

수리취

부록

내가 꾸미는
자연 생태 앨범

01 야생화
산과 들의 꽃 이야기

4월 곰배령에서 〈괭이눈〉

7월 백두산에서 〈고려엉겅퀴〉, 아빠가 찍은 사진

9월 비단산에서 〈더덕 꽃〉

4월 길동 생태 공원에서 〈제비꽃〉

6월 천마산에서 〈기린풀〉

〈흰털괭이눈 관찰 일기〉
2007년 5월 20일

아빠와 함께 점봉산에 갔다.
이파리 가장자리가 톱니처럼 까슬까슬한 게 재미있는 풀이 있어서 아빠에게 물었더니 흰털괭이눈이라고 하셨다.
꽃은 노란색이었는데 꽃잎이 이파리를 닮아서 언뜻 보면 노란 잎처럼 보였다. 잘 보면 흰 솜털이 나 있는데 그래서 이름이 흰털괭이눈인가 보다. 키 작은 이 풀이 참 정겹게 느껴졌다.

5월 점봉산에서 〈흰털괭이눈〉

8월 길동생태공원에서 〈고마리〉

5월 울릉도에서 〈살갈퀴〉, 아빠가 찍음.

우리집 화단에서 뜯은 나뭇잎

7월 안산 갈대 습지 공원에서 〈고추나물 꽃〉

6월 독도에서 〈땅채송화〉

5월 함평에서 〈금란초〉

7월 길동 생태 공원에서 〈패랭이〉

4월 길동 생태 공원에서 〈동의나물〉

4월 화야산에서
〈꿩의바람꽃〉

5월 천마산에서 〈금붓꽃〉

5월 광릉에서 〈무늬둥글레〉

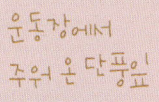

운동장에서
주워 온 단풍잎

3월 길동 생태 공원에서 〈모데미풀〉

6월 광릉수목원에서 〈도깨비부채〉

3월 무주구천동에서 〈애기봄맞이〉

3월 안산 갈대 습지 공원에서
〈붉은토끼풀〉

5월 주왕산에서 〈붉은꿀풀〉

3월 길동 생태 공원에서 〈분홍색설난〉

5월 울릉도에서 〈뱀딸기〉

4월 곰배령에서 〈족두리풀〉

8월 백두산에서 〈지느러미엉겅퀴〉

4월 함평에서 〈참꽃마리〉

3월 길동 생태 공원에서 〈용담〉

8월 광덕산에서
〈 닭개비, 닭의장풀 〉

3월 길동 생태 공원에서 〈 혈떡이풀 〉

8월 내장산에서 〈 붉노랑상사화 〉

8월 안면도에서 〈 애기도라지 〉

5월 비단산에서 〈 노랑꽃창포 〉

< 물칸나 관찰 일기 >

2006년 8월 12일

가족끼리 함께 양평에 놀러 갔다. 나는 양평의 호숫가에서 아주 예쁜 보라색 꽃을 발견하고 카메라에 담았다. 이 보라색 꽃은 넓고 길쭉한 이파리 사이에서 하늘을 향해 길게 뻗어 있었다. 잘 보니, 아주 자잘한 꽃들이 가운데에 있는 꽃자루를 싸고 있었는데 이 꽃자루는 길쭉하게 하늘로 뻗어 어른 손가락 같았다. 참 키가 큰 거대한 식물이라는 생각이 들었다. 물칸나는 물을 많이 먹어서 물칸나일까? 나는 그게 궁금하다.

8월 양평에서 < 물칸나 >

7월 안산 갈대 습지 공원에서 < 물싸리 >

7월 길동 생태공원에서 < 끈끈이대나물 >

8월 울릉도에서 < 하늘말라리 >

5월 함평에서 〈향기부추〉

7월 광릉에서 〈수련붉은꽃〉

8월 광덕산에서 〈터리풀〉

7월 길동 생태 공원에서 〈술패랭이꽃〉

5월 서오능에서 〈천상초〉

〈금낭화 관찰 일기〉

2006년 7월 8일

길동 생태 공원에서 금낭화라는 꽃을 보았다. 붉은 빛이 도는 분홍색 꽃이 너무 화려하고 예뻐서 눈이 갔다. 가늘고 긴 줄기에 여러 개 꽃망울이 대롱대롱 매달린 품이 꼭 예쁜 방울 같았다. 잘 보니 위는 볼록한 주머니를 닮았고, 끝에 가늘고 긴 대롱이 달려 있었는데, 꽃망울이 무거워서인지 줄기가 살짝 늘어져 있었다.

5월 길동 생태 공원에서 〈금낭화〉

8월 광릉에서 〈큰까치수영〉

4월 화야산에서 〈꿩의바람꽃〉

7월 길동 생태 공원에서 〈참나리〉

7월 광릉에서 〈붉은그물버섯〉

8월 길동 생태 공원에서 〈광대버섯아재비〉

6월 길동 생태 공원에서 〈젤리귀버섯〉

7월 광릉에서 〈무당버섯〉

4월 길동 생태 공원에서 〈곰보버섯〉

02 버섯

남몰래 크는
버섯 이야기

8월 길동 생태 공원에서 〈주걱간버섯〉

9월 천마산에서 〈노랑먹물버섯〉

7월 광릉에서 〈싸리버섯〉

8월 점봉산에서 〈긴뿌리버섯〉

03 곤충

색색깔 곤충 이야기

8월 길동 생태 공원에서 〈거미〉

8월 함평에서 〈네발나비 여름형〉

7월 길동 생태 공원에서 〈거미〉

6월 여의도 샛강에서 〈깜보 노린재〉

7월 길동 생태 공원에서 〈방아깨비〉

5월 길동 생태 공원에서
〈 보라금풍뎅이 〉

6월 길동 생태 공원에서 〈 거미 〉

7월 길동 생태 공원에서
〈 무당벌레 번데기 〉

무당벌레 번데기는
까만 점박이
주황색 옷이에요.

8월 길동 생태 공원에서 〈 참매미 〉

7월 여의도 샛강에서 〈 꼬마쌍살벌 〉

7월 길동 생태 공원에서
〈 갈색날개노린재 〉

4월 길동 생태 공원에서 〈 소금쟁이 〉

6월 가평에서 〈 털두꺼비하늘소 〉

6월 가평에서 〈 남색초원하늘소 〉

5월 길동 생태 공원에서 〈 날베짱이 〉

04 물고기

시냇가 물고기 이야기

7월 여의도 샛강에서 〈쉬리〉

7월 여의도 샛강에서 〈퉁가리〉

6월 여의도 샛강에서 〈피라미〉

6월 여의도 샛강에서 〈다슬기〉

개구리의 세상 이야기

5월 안동에서 〈계곡산개구리〉

5월 안동에서 〈계곡산개구리〉

6월 길동 생태 공원에서 〈청개구리〉

6월 가평에서 〈참개구리〉

7월 길동 생태 공원에서 〈청개구리〉